VOCÊ, O CONSTRUTOR DOS SEUS SONHOS!

Dados Internacionais de Catalogação na Publicação (CIP)
(Câmara Brasileira do Livro, SP, Brasil)

Dantas, Inácio
Você, o construtor dos seus sonhos! / Inácio Dantas. – Petrópolis, RJ : Vozes, 2012.

ISBN 978-85-326-4382-7

1. Atitude (Psicologia) 2. Atitude – Mudança 3. Autoajuda – Técnicas 4. Autorrealização (Psicologia) 5. Felicidade 6. Mudança (Psicologia) 7. Realização pessoal 8. Sonhos I. Título.

12-05017 CDD-158

Índices para catálogo sistemático:
1. Sonhos : Realização : Psicologia aplicada 158

Inácio Dantas

Você, o construtor dos seus sonhos!

EDITORA VOZES

Petrópolis

© 2012, Editora Vozes Ltda.
Rua Frei Luís, 100
25689-900 Petrópolis, RJ
Internet: http://www.vozes.com.br
Brasil

Diretor editorial
Frei Antônio Moser

Editores
Aline dos Santos Carneiro
José Maria da Silva
Lídio Peretti
Marilac Loraine Oleniki

Secretário executivo
João Batista Kreuch

Editoração: Rachel Fernandes
Projeto gráfico: Guilherme F. Silva
Capa: Felipe Souza | Aspectos

ISBN 978-85-326-4382-7

Editado conforme o novo acordo ortográfico.

Este livro foi composto e impresso pela Editora Vozes Ltda.

Sumário

Apresentação

Sonhar, mentalizar o sonho e trabalhar por ele é, um dia, transformá-lo em realidade. No entanto, é preciso que você creia na viabilidade do que deseja. Sim, porque construir sonhos, prosperar e viver feliz depende exclusivamente de suas iniciativas, determinação, perseverança e trabalho.

Há vários tipos, tamanhos, formatos, cores... Você é o mentor deles. Mesmo que não perceba, sua vida se desenvolve numa sequência lógica e assim também devem ser desenvolvidos os sonhos. A construção e a realização do primeiro sonho muitas vezes é o degrau para a realização de um segundo e assim, em dado momento, você contempla novas, grandes e felizes experiências.

Alguns desses sonhos, comuns a todos nós, serão encontrados nas páginas deste livro como um referencial para alicerçar suas ideias e jogar luz no caminho a ser percorrido ao encontro das realizações.

Você, o construtor dos seus sonhos! é um pequeno manual para grandes decisões. Em sua mente, deve ter algum projeto delineado, predefinido e semiacabado. De forma que, com as propostas deste livro, novos *insights* surgirão para você melhorar, aperfeiçoar, dar um verniz de qualidade e implementá-lo.

Mas, como construir um sonho? Eis alguns temas do livro que servirão como um verdadeiro roteiro de instrumentos na construção e realização do seu sonho:

- *Ideias inteligentes*

"Tome como exemplo a invenção do clipes para prender papéis, do pregador de roupas ou mesmo a invenção da roda, ideias simples que revolucionaram o mundo."

- *Priorizar objetivos*

"Priorizar é dar preferência, primazia, pôr objetivos em primeiro lugar, seja em urgência ou necessidade."

- *Mente sã, corpo são*

"O conjunto corpo e mente é como um planeta, sustentáculo da alma. Sua rotação, em harmonia com a vida, recebe luz, calor e energias venturosas."

- *Otimismo*

"Otimize seus pensamentos, suas vibrações, seu ritmo de vida; dê um *up*, um refinamento em si mesmo..."

- *Carisma*

"Nos campos de batalha da vida, para brigar por seus objetivos, é imprescindível a eloquência acompanhada de sorrisos polidos e gestos refinados."

- *Planeje, como filosofia de vida, não ter nenhum inimigo!*

"Não ter inimigos, e não ser inimigo de ninguém, o coloca num patamar de paz e tranquilidade."

Por outro lado, qual sonho você guarda dentro de si, pronto e definido, e que ainda não "cavou os alicerces" para construí-lo?

Eis outros temas que são fundamentais e irão lhe proporcionar inspiração, fé, equilíbrio, força:

- *Um grande amor: do sonho à realidade*

"Ter alguém especial para fazer dueto com o nosso 'eu' é um desejo que faz parte da vida, pois nos alimenta com a paixão..."

- *Filho: um sonho venerável!*

"Não tema, você, tornar-se pai ou mãe. Filho é o enredo maravilhoso de um sonho lindo..."

- *Você sonha em ser um líder? Então saiba que...*

"Se nas suas veias lateja o sangue da liderança, e você almeja pôr esse dom em prol da sociedade e de uma vida melhor, dê um passo à frente..."

- *De empregado a empregador...*

"Imagine-se, você, chefe de si mesmo, senhor dos seus atos, que saiu da folha de pagamento dos empregados para o contrato social..."

Portanto, sonhe, trace planos, projete-os e ponha mãos à obra. Batalhe, vá atrás dos seus desejos, não espere que seus desejos venham ao seu encontro.

Sonhe e creia no seu poder de realização, pois, lembre-se: tudo é possível ao que crer!

1

Bem-planejar as finanças: sonhos ao toque das mãos!

Planeje a realização dos seus sonhos. Para o brilho da felicidade esplandecer amanhã, comece hoje direcionando a lâmpada do sol. Quando chegar o momento, ela estará acesa, pronta, esperando-o para iluminá-lo.

Estruture-se. Trabalhe com afinco e robusteça a musculatura das suas finanças. Quanto mais forte, mais perto do alvo você estará. Com disciplina, vista os coturnos do querer e marche decidido em sua direção.

Limite seus gastos. Seja austero. Não esbanje. Finanças são um recurso finito. Planeje, dos seus ganhos, o destino dos gastos e principalmente dos investimentos. Serão, estes, as sementes que farão brotar a árvore frondosa da prosperidade. Portanto, nem pense em vilipendiar o fruto do seu suor. Sonhos custam caro. Demandam tempo, luta, sacrifício. A imoderação e a prodigalidade farão seus recursos escorrerem pelo ralo do desperdício e seus sonhos serão adiados. E, contrariamente, cada centavo investido torna-se um pedaço da distância encurtada.

Desperdiçar finanças sem critério é postergar a conquista de bens e conforto. É, enfim, rejeitar uma vida de qualidade, estabilizada, onde, nas horas de chuvas e trovoadas você tem um guarda-chuva firme e seguro para abrigá-lo.

Invista na juventude. Ela é uma mina de ouro que, muitas vezes, não sabemos garimpar!

2

Priorize seus objetivos. Dedique-se e realize seus sonhos!

Sabe aquela casa própria e aquele carro do ano que você sonha possuir? O que tem feito para, em pouco tempo, estar morando numa casa bonita e dirigindo um carro zero?

Não se deve deixar a maré dos acontecimentos fluir e trazer o que se busca no bojo do acaso ou da sorte. Ou você pauta seus objetivos com a caneta das prioridades ou a história do seu futuro será uma simples página em branco.

E não só isso. Você é o construtor do seu patrimônio. Ou é hábil como um cirurgião ou como um simples carpinteiro, porém jamais omisso ou como o que deixa tudo acontecer ao bel-prazer.

Priorizar rima com realizar! Priorizar é dar preferência, primazia, pôr objetivos em primeiro lugar, seja em urgência ou necessidade.

Há, ainda, que ser cioso e minucioso no trato com as coisas que lhes são caras – difíceis e trabalhosas. Pequenas gotas que escapam da torneira logo esvaziam a caixa d'água.

Assim será com relação ao seu salário, que, sem prioridades, pode gotejar lentamente até exaurir-se por inteiro.

Ter como filosofia de vida priorizar é dar o primeiro chute na bola em direção ao gol, pois estabelecer prioridades e dedicar-se com afinco são portentosos impulsionadores da sua autoindependência!

Se você tem honestidade, inteligência e prioriza seus negócios, então é um homem fadado ao sucesso.

3

Profissão, um sonho, uma vida

Não é a notoriedade da profissão que, essencialmente, dá felicidade ao homem, mas a ideologia e o prazer em exercê-la.

Há pessoas plenamente felizes em profissões simples e até mesmo exóticas e desconhecidas. O sonho de fazer o que fazem é o determinante, e não a pompa dos títulos. Quantas profissões com títulos pomposos têm em seus executores pessoas frustradas?

O objetivo de exercer uma profissão, tenha a relevância e a complexidade que tiver, é o eixo central para alguém se sentir completo consigo mesmo.

Aquele que, desde a adolescência, tem um projeto de vida definido no campo profissional – e se esmera para construí-lo –, é como ter mãos ocultas orientando seus desígnios.

Não queira, pois, fugir do que está arraigado em seus genes. Há um talento que nasce em cada um de nós, aflora e nos compele a executá-lo. Aceite e deixe-se levar. Estude, treine, aprimore-se, seja um exímio profissional. Aceite a tese que "você é o que nasceu para ser". Destarte, não atrase seu progresso; no tempo certo, seja qual for o seu sonho profissional, abrace-o e simplesmente seja o melhor!

Se você não puder ser o melhor, seja o melhor que puder. Mostre para os outros, e para si mesmo, que se esforçou e ultrapassou seus próprios limites.

4

Um bom emprego: um sonho factível

É digno de aplausos e elogios aquele que, dentre tantos sonhos de abastanças e glórias, acalenta dentro de si o sonho mais elementar que norteia a constituição dos povos: o trabalho.

Trabalhar é uma atividade honorável, é produzir bens, movimentar riquezas, ser útil aos outros e a si mesmo.

No entanto, nesse mundo de descompassos entre oferta e demanda de mão de obra, milhares de postulantes não realizam esse sonho dourado e vivem a perambular nos corredores do desemprego.

Siga seu trajeto, renove o sonho a cada dia!

Não abdique de buscar um bom ou até um ótimo emprego e de tentar subir a íngreme escada social com o seu desprendimento intelectual e a laboriosidade das mãos.

Muitas portas irão se fechar, outras tantas irão se abrir. Assim será o acesso ao seu posto, como um elevador, onde muitos saem para muitos poderem entrar. A disputa é acirrada, mas necessária. Desistir é ceder a vaga para outro.

Mesmo diante das adversidades, dos sucessivos "nãos", mantenha o pensamento firme e confie em seu potencial.

Um bom emprego – bom salário, estabilidade e autoaperfeiçoamento – é, sim, um sonho factível, e de repente pode estar mais perto do que você sonha.

O melhor trabalho pode não ser aquele que paga melhor, mas sim aquele que dá prazer, contentamento e realização pessoal.

5

De empregado a empregador? Sonho plenamente possível!

De comandado a comandante, de peão a patrão, sim, é plenamente possível. Você, dono do seu negócio, da sua empresa, sem medo de ser feliz. É algo real, não um sonambulismo. É um sonho que se sonha desperto, com olhar fixo e mente centrada prospectando o mercado e a demanda.

Ser empresário é ser empreendedor, negociante, ter tirocínio para gerenciar, comprar e vender, captar lucros e ampliar o patrimônio.

Realize seu sonho e realize-se!

Imagine-se, você, o chefe de si mesmo, senhor dos seus atos. Saiu da folha de pagamento dos empregados para o contrato social. Você faz seu salário, sua rotina, seu próprio horário de trabalho. É o epicentro dos negócios, de onde emanam decisões, ordens e toda estratégia empresarial.

Ser empresário é, literalmente, construir-se com forças próprias. É amassar o barro, moldá-lo e construir o sonho; projeto audacioso de quem crê em seu potencial e vai à luta, com fé, determinação, sem medo do imponderável.

Quantos, em todo o mundo, estão trocando o macacão e a graxa pela gravata e a caneta, sendo os timoneiros da própria vida.

Ouse, venha você também fazer parte desse mundo, e seja bem-vindo!

Ser um empresário de sucesso? Sonhe alto, mas cuidado: ponha o sonho onde possa alcançá-lo!

6

...Ou você sonha em ser um líder? Então saiba que...

Ser líder não é ser um "tomador de contas" de coisas e pessoas ou um "mandante" de ordens de serviços. É bem mais que isso. Seremos muito simplistas ao imaginarmos um chefe que não chefia, um líder que não lidera. Há que ter voz de comando, ser impositivo, disciplinador, eficiente. Esse é o perfil básico de um candidato a líder. Outras qualidades devem ser ressaltadas como imprescindíveis: ser cordial, austero, justo, capaz, cordato, amigo.

Se nas suas veias lateja o sangue da liderança, e você almeja pôr esse dom em prol da sociedade e de uma vida melhor, dê um passo à frente e antecipe-se ou a concorrência pode antecipar-se a você.

Por outro lado, se você ainda não tem o cabedal para liderar, prepare-se para a atividade que se dispõe. Faça cursos, estude, especialize-se. Não deixe o sonho ser indefinidamente um sonho. Lute por ele e concretize-o. Muitos líderes mundiais chegaram ao apogeu em idade adulta. Por certo, eles, assim como você, já traziam no inconsciente o desejo que, aos poucos, foi expandindo sua aura e criando luz própria. Finalmente chegou o momento, o ápice, o bastão de líder. E assim também será com você: um sonho transcendendo à realidade.

A verdadeira riqueza de um líder não é feita exatamente de ouro e glória, mas da nobre missão de liderar destinos e vidas.

7

Parceria: união e trabalho em busca dos sonhos pessoais

As pessoas que se unem, e são parceiras entre si, trabalham como uma sociedade orgânica e lógica, onde cada qual exerce sua função com eficiência para, ao final, gerar um resultado harmônico e perfeito.

O que se faz sozinho, a um tempo e custo, em parceria faz-se mais rápido, em maior escala e menor dispêndio. A divisão racional de tarefas e a execução sincronizada multiplicam a produção com menor desperdício.

Quando os dedos de múltiplas mãos se unem num trabalho coordenado, todos se autoajudam, ampliam-se os feitos e reduz-se o desgaste físico. Essas mãos são partes de um único braço, movidas, uníssonas, pelos músculos da parceria.

Se construir seu sonho vai demandar um tempo, acelere-o. Encurte a distância entre você e ele. Atreva-se, não tema fracassar, pois fracassos fazem parte de toda história de sucesso.

Escolha, bons parceiros – confiáveis, fiéis, responsáveis, capacitados, que estejam engajados com você no sonho de um mesmo projeto. Defina os rumos a tomar, as metas e os objetivos a atingir, e boa sorte!

Batalhe pelos seus objetivos. Pense que as maiores conquistas ainda serão conquistadas!

Reflexões: atitude e garra

- Quando se tem atitude o sonho pode ser pequeno, mas a realidade é colossal!
- Pode-se ter mil sonhos, mas se não tiver garra para realizá-los, não se tem sonho algum!
- Vida, ideia e sonho: três variantes preciosas, porém de resultado nulo se faltar a variante chamada trabalho!
- Você tem um sonho em construção e os amigos se afastaram? De duas uma: ou tem problemas com os amigos ou tem problemas com o sonho...

8

Como está a vida (e obra) do seu sonho?

Todo sonho quando nasce, fruto do acaso ou do desejo, tem em si uma razão, uma meta, um objetivo. E quando é cultivado, dia após dia, passa a ter vida própria – nutrida por uma energia biológica.

Por isso, jamais desacredite, abandone ou deixe o sonho morrer. Você e ele são um só, criador e criatura. Ele está em você como um farol ao navegante, uma diretriz a orientá-lo para tempos melhores.

Às vezes, por falta de atitude e fé em si mesmas, algumas pessoas deixam seus sonhos ao abandono. A descrença, a falta de mobilidade e o pensar "pequeno" são letais. Tomadas pelo vazio da inação, o sonho vai enfraquecendo, pouco a pouco, até entrar em estado de coma...

Não cometa esse erro, não o abandone na UTI do sentimento. Um sonho quando morre, morre junto um pedaço de nós. Cuide bem do que pode lhe trazer bens. Nutra-o com interesse, atenção e pensamentos esperançosos. Sonho desnutrido pelo desinteresse, descuido e desesperança é sonho condenado à lápide.

Deixe a obra do seu sonho firme e forte; viva, saudável, pronta para ser construída. Ou será certo deixar morrer quem pode lhe dar um teto, segurança, sombra e água fresca?

A vida é um sonho, uma festa maravilhosa. Viva e festeje-a a cada segundo!

9

Qual o momento certo para construir um sonho?

O momento certo é o momento que você decidir. Você é o mentor – e o executor. É agora, amanhã, uma data programada no futuro... O importante é a definição do "quando", jamais a certeza do "nunca".

A partir do sonho embasado e projetado, a busca pela sua realização é prioritária. Ele é uma massa volátil e normalmente tem data de validade. Toma um espaço físico em nossa mente, mas deixado ao léu perece, transforma-se em névoa e logo é substituído por outro, num processo recorrente.

A estrutura do sonho pode ser simples ou sofisticada, preto e branco ou colorida, do seu próprio tamanho ou além do horizonte, ao custo de alguns reais ou de milhares deles... Você, autor intelectual, decidirá – e será engenheiro e administrador da obra.

A partir do momento que lançar a pedra fundamental do sonho é premente abastecê-lo com materiais de qualidade: atenção, dedicação e acompanhamento constante. Deixá-lo sob pás e martelos de terceiros, à revelia, pode fazê-lo não sair do alicerce ou ser erigido diferente da planta original.

O desafio mais agudo que nos compete é desenvolver um sonho inédito e excelente, que nos permita alavancar as finanças e guindar-nos à notoriedade. Paralelamente, estabelecermos um cronograma, definirmos o início, meio e fim, é uma forma de, uma vez começado, sabermos a data exata de sua inauguração.

Em se tratando de sonho, sua longevidade tem a exata brevidade da nossa disposição!

10

Um bom projeto, com a força do entusiasmo, tem as cores do sucesso!

De que vale ter a cabeça cheia de ideias e o corpo vazio de forças para dar impulsão ao idealizado? Ideia *mais* entusiasmo é *igual* a realização. Sem entusiasmo o sonho fica encaixotado no pensamento, pegando poeira eterna nas prateleiras do cérebro...

O ser humano é pródigo em registrar patentes de sonhos; tê-los catalogados na ponta da língua e, em forma de bravatas, fazer-se um sábio talentoso. Mas, e aí, onde está o feito cerebral transformado em feito material? Por que a demora, ou o "nunca", em mostrar ao mundo, pronto, o que tanto sonhou?

Uma pilha descarregada não produz energia motriz; assim é também o desentusiasmado, não produz energia para mover a si próprio. Embora tenha vida, não a usa como fonte recarregadora para reenergizar-se. Por consequência, o tempo passa, os sonhos envelhecem e ficam obsoletos.

Então, se os sonhos estão como átomos vivos na sua cabeça – impacientes –, anime-se para dar-lhes forma; deixe-se tomar pelo ardor, gana e interesse. Dê-se um "choque" de entusiasmo. Veja o sonho como um guindaste a alçá-lo um patamar superior de realização com o mundo e de felicidade consigo mesmo!

Cada vez que desistimos de um sonho diminuímos nossa capacidade de sonhar!

11

Sonhe e batalhe pelas coisas que valem a pena viver!

Quanto sonho banal!

Quanto sonho jogado fora!

Quantas pessoas sonhando com *isso* e realizando *aquilo*... Quanto desperdício de minério cerebral, tecido pelos teares do tempo e equivocadamente transformado em projeto de vida!

Sonhar com banalidades é jamais preencher a existência com o que tem valia. Sonho tem de ter consistência, essência, cor. Não devemos, portanto, perder noites com projetos impalpáveis, que nada agregam ao nosso crescimento intelectual, espiritual e material. Enquanto sonhamos com o incognoscível, sonhos possíveis deixam de ser gravados em nossa mente. E sonhos que se perdem são irrecuperáveis. Errar no enredo do sonho é assistir, placidamente, o início do fim.

Queira do seu sonho de vida a vida que sempre quis!

Direcione a lente e fotografe na íris do desejo a mais bela paisagem. Ela é o sonho. Dê-lhe sentido, razão, forma. Sejam simples ou sofisticados, belos sonhos devem ser registrados e materializados. Quantos podem ter um sonho assim, um diamante entre as mãos?

Transforme seu sonho em algo que o transforme. Batalhe incansavelmente por ele e, decididamente, viva pelo que vale a pena viver!

Sonhos vêm e vão como chuva de verão... Porém, aquele que vale a pena, fica. E, por ele, damos uma cota da nossa própria vida!

12

Sonho perfeito? Atenção: na prática a teoria é outra...

Multicolorido, lindo, grandioso... Em nosso pensamento o sonho é assim: maravilhoso. Imperfeições? Defeitos? Fechamos os olhos e nem abordamos essas possibilidades...

Bem, um sonho é um sonho. Diametralmente exato, simétrico, perfeito. Se sonharmos ser uma estrela mundial, seremos a maior, a mais alta, a mais brilhante... Se sonharmos ser alguém poderoso, seremos o mais forte, um invencível... E se sonharmos sermos ricos? Ah... Tio Patinhas é um coadjuvante. Nossa riqueza é imperscrutável, desmesurada, inacabável...

Num sonho, num bom sonho, tudo cabe. Nós somos seres melhorados, sem defeitos e retoques, moldados com uma fibra angelical, nutridos com saberes geniais e com uma bondade divinal...

Mas, e na vida real? Ao trazermos para o chão da realidade o teatro dos sonhos, o roteiro original é readaptado, os personagens recebem nova maquiagem e os holofotes nem sempre têm o mesmo lúmen. É que, ao tomar forma, o que sonhamos muda, pois dependemos não só da ação da natureza, mas, sobretudo, da ação de outros atores que vêm fazer parte do *show*.

Portanto, não se lamurie se o seu sonho mais perfeito, ao ser construído, tiver alguns ajustes, senões e ressalvas. Isso ocorre com qualquer um de nós. Apenas, e tão somente, esforce-se para construí-lo o mais próximo possível da perfeição!

Sonho perfeito? Como se pode criar o perfeito se, desde a concepção, o homem é um ser imperfeito?

13

Sonho após sonho construído, uma sequência de histórias vitoriosas!

O homem é resultado da fusão das suas emoções e sensações: amor, ódio, coragem, medo, ilusão, fé, esperança... Complementarmente, fazer-se alguém de bom talhe, escolado, polido, não acontece ao acaso como o fulgor de um relâmpago. Há que se esculpir com o formão do tempo, pacientemente...

Assim, sonho após sonho construído, vamos nos aprimorando, forjando em nós mesmos novas e melhores pessoas. É um processo silencioso, uma metamorfose lenta e contínua, alargando e expandindo os *fronts* da nossa autoevolução.

O que necessitamos agora, e realizamos, logo renasce em novas necessidades. Quem hoje é o que é, e tem o que tem, não teve seu futuro escrito na certidão de nascimento, mas é um substrato de uma sequência de conquistas. Um sonho construído, outro sonho sobreposto. É qual uma espiral infinita a elitizar o *status* humano.

Suas aspirações, empurradas pelo sonho de ser um novo *ser*, levam-no a conquistar o longínquo, aqui e em outra galáxia.

A história da evolução humana é feita de vitórias e derrocadas. Porém, como a história é um ensinamento do passado para o presente, aprender com os erros é erigir os sonhos com o dourado emblema da vitória!

Desfie um rosário de sonhos e construa-os um a um. Aprenda com os erros. Aperfeiçoe-se. Faça de si uma história de bonança!

14

No teatro da vida, que sonho realizado você deixará?

Se, até hoje, nesses longos anos de existência você fez parte do grande teatro global e não interagiu no espetáculo da vida, você deixou de ser, em verdade, um protagonista para ser um mero figurante. E isso é pouco para alguém como você, pois dentro de si existem grandes sonhos para serem realizados.

O tempo passa rápido, o que é da sua própria natureza, e seus atos e ações não deixaram aplausos uníssonos. E não é essa a missão de um ser humano na terra. Ninguém deve passar incógnito, quais nuvens no céu que passam e não deixam sinais.

A vida não é o simples ato de inspirar o oxigênio, ter documento de identidade e ocupar um espaço físico. É isso e muito mais. É fazer uma obra que lembre seu nome, compor uma canção que esteja na boca do povo, escrever um livro que seja lido e recomendado, ou simplesmente, com ideias e a laboriosidade das mãos, ajudar a construir uma sociedade melhor.

As obras de todos nós devem ser exemplos de vida, tenacidade e glória. E, no palco global, serem encenadas numa peça para todas as plateias, Então, reflita: se a resposta é realizar, qual é a pergunta? Erga-se, vista o figurino e comece, já, no palco da vida, encenando o sonho mais incrível!

Quando um homem deixa de sonhar é sinal que perdeu a esperança em si próprio!

15

Grandes sonhadores: os grandes construtores do universo!

São os grandes sonhadores os impulsionadores do progresso, aqueles que fazem acontecer, mudam paradigmas, dinamizam, tornam o mundo pujante. Visionários enxergam o futuro com um olhar progressista, uma sociedade mais evoluída, justa, equitativa.

Ninguém deve abdicar dos seus sonhos, sejam humildes, majestáticos, pequenos ou grandiosos. Deixar de sonhar é deixar de viver, criar, formar, transformar. É ficar fora, excluído do eixo que faz girar o moinho do progresso, perdendo onde muitos estão ganhando, regredindo onde muitos estão progredindo. É qual uma folha solta no rio, sendo levada sem rumo, ao sabor da correnteza...

Sonhar é acreditar em si e nos seus projetos pessoais, nas pessoas leais que o cercam, nos valores que apregoa e até no desenvolvimento da nação. O sonhador é um romântico, um entusiasta de um planeta harmônico, democrático, onde a palavra guerra é apenas o antônimo de paz.

Então, venha fazer parte do rol dos grandes sonhadores. Não se julgue velho ou jovem demais, incapaz, despreparado... Mexa-se! Esse é o momento, e a vida, aí fora, o aguarda para as mais incríveis epopeias!

Sonhe, mova-se, ouse: apronte-se para o mundo que o mundo está pronto para você!

16

Sagrar-se vitorioso: uma luta tenaz à qual jamais se deve desistir!

O desejo de ter o braço erguido em sinal de vitória, de rasgar em primeiro lugar a fita de chegada, de ter uma medalha a brilhar no peito... Vive no imaginário de todos que competem e almejam um lugar ao sol.

Seja numa competição profissional, ou num simples lazer, ser vitorioso é um desafio que nos impele à luta e à busca da superação.

Para emergirmos num mar repleto de adversários, e alcançarmos ao final a ilha da boa ventura, o "algo mais" que há em nós deve ser dado com bravura. Realizar metas e planos, sem esforço, é o mesmo que fazer aposta em cavalo cego: a derrota será iminente.

Espelhe-se nos grandes vitoriosos. Estes, muitas vezes derrotados, "sacudiram a poeira" e retomaram a luta com disposição redobrada!

Se você não é o maior no que se propõe, tente ser o melhor. Se não puder ser um mestre de obras, seja um simples pedreiro, mas esmere-se na sua construção. Tudo nesta vida que fizer para si, faça-o bem-feito, com toques de perfeição.

A luta no ringue, sejam quais forem os competidores, irá exigir que essa perfeição vá aos extremos. Portanto, esteja preparado com a vontade, determinação, força e saber; paramentos valiosos que certamente o conduzirão à vitória.

Os grandes expoentes da história não desistiram frente às derrotas. Eles persistiram e fizeram delas os degraus para atingirem a vitória!

17

Competir: rumo à celebridade

Vivemos uma era de competições, de disputas homéricas por espaço, alimento e um bom posto de trabalho. Aliás, competir por trabalho é prática corriqueira que se repete em todos os setores e em todas as nações do mundo. Você deve ter exemplos próprios de tentativas frustradas na busca de um trabalho que unisse ganhos substanciais e realização profissional. Mas, tentar sempre; desistir, jamais. E quem sabe, breve, você não realize exitosamente esse objetivo?

Concursos, currículos, entrevistas, testes... O bom emprego é assim, uma competição acirrada, um desafio sobre-humano pelo qual todos estamos suscetíveis. Ainda que haja exigências quase intransponíveis dos empregadores, o empenho individual será a alavanca que destravará as dificuldades.

Para alcançar a celebridade, seja num ambiente corporativo ou nas artes, nos esportes, na política etc. há que ter dentro de si um combustível dotado de uma octanagem poderosa: vontade, garra e persistência. Essa tríade é quem faz a engrenagem do trabalho girar em direção às realizações.

Realizar é tão difícil quanto fácil é sonhar. Mas, quem está pronto para competir está pronto para vencer. E somos nós os agentes para transformar nossos nomes em celebridades!

A maior celebração de alguém é conquistar usando sua própria capacidade!

18

Você: campeão da olimpíada da vida!

Quem sonha com vitórias e medalhas condiciona-se mentalmente para vencer. As competições são duras, e para serem medalhistas os competidores devem romper limites, pois só vencem os mais fortes ou mais capazes. Os fracos ou incapazes, são meros coadjuvantes. Entre você e a cobiçada medalha de ouro há obstáculos a transpor: exercícios, treinos, estudo e muita dedicação. Estes são bagagens para transportá-lo do nada ao tudo. E a vida é uma competição, uma olimpíada e o mundo um estádio a céu aberto. A mídia só tem câmeras e luzes para os protagonistas – astros, grandes empresários, os "notáveis". E afinal, por que você não pode ser um deles?

Então, trace a rota dos seus sonhos e persiga-os, não os deixe distanciar-se de você ou ficará difícil alcançá-los. Esmere-se nas suas atividades. Muitos sonhos são destruídos ainda na planta por falta de sincronismo entre planejamento, dedicação e execução.

A condecoração, seja uma medalha de ouro, um diploma, ou um simples título de honra ao mérito, é o reconhecimento da sociedade, para você, por se destacar como um campeão na sua atividade.

Grandes sucessos exigem grandes vitórias, e grandes vitórias exigem grandes sacrifícios!

Algumas atitudes simples que podem colocá-lo ao alcance dos sonhos

- Ser alguém popular, amigo de todo mundo e todo mundo seu amigo.
- Tranquilizar-se nos assuntos polêmicos e não polemizar nos assuntos tranquilos.
- Não pretender lucro em projetos que deem prejuízo a outrem.
- Na balança da justiça, não deixar o prato da mentira ter mais peso que o da verdade.
- Nas disputas cotidianas, jamais se aliar a inimigos para prejudicar amigos.
- Ter espírito cristão e evocar o Altíssimo como juiz das suas dúvidas e guardião do seu destino!

19

Livros: ponte segura entre o saber e as conquistas

Se você pretende realizar a tão sonhada carreira profissional e solidificar as bases do seu futuro, há uma ponte a ser percorrida para ligar esse dois polos: os livros. Porém, se você tem aversão ao contato com esse precioso universo do conhecimento, prepare-se para enfrentar obstáculos, duros e difíceis: o tempo é exíguo e o espaço ínfimo para quem não busca na leitura sua fonte do saber.

Livro é isso: usina geradora de conhecimento, bandeira da independência e libertação. Amigo e companheiro de todas as horas, sempre acessível, que se abre a viagens intergaláticas nas asas do pensamento.

Se, por outro lado, você não dispensa um bom livro e sacia a sede do saber nas águas claras da leitura, está fortalecendo-se intelectualmente para enfrentar e vencer grandes desafios. E grandes vitórias advêm de grandes desafios!

Em cada página, pequenos mosaicos de sabedoria vão tomando forma e reverberando um arco-íris multicor no céu da nossa cultura e inteligência.

Quantos caminhos para um sonho podem ser encontrados nas linhas mágicas de um bom livro! É como estar em mar aberto, sem direção, e ter uma bússola orientando o norte, a direção certa e segura rumo aos mais inusitados projetos e conquistas.

Seja, portanto, amigo do livro. Aqueles que têm o livro por amigo têm a melhor amizade do mundo!

Muna-se dos ensinamentos de um livro. Vencerá os desafios do mundo quem tiver por arma a sabedoria.

20

Sabedoria: sonho que habita a cabeça de todo homem

Quando o assunto é vital, o homem sábio perscruta não só sua consciência, mas também seu coração antes de falar e agir. Suas palavras e ações são corroboradas por atitudes probas, equilibradas, tendo por respaldo a lei e a ordem.

Mesmo quando ele julga sob intensa emoção, pondera, medita e seu veredicto é justo, coeso e dentro da razão. O sábio vale-se do seu saber e discernimento para unir dissidentes, acalmar os exaltados, apascentar conflitos. Tem seu acervo do saber cultivado nos ensinamentos dos mestres, nos umbrais da vida e aperfeiçoado nos preceitos de Deus.

E o que é a sabedoria?

É uma grande soma de conhecimentos e experiências adquiridos na vida: erudição, juízo, bom-senso, razão.

A sabedoria é, ela própria, uma riqueza incalculável, maior do que aquela que se pode conquistar com ela. Por isso é tão almejada, disputada, um sonho de dez entre dez pessoas.

Tenha você também, dentro de si, o sonho da sabedoria!

É fácil adquiri-la. Está em todos os livros, salas de aulas, seio dos lares. Quem acumular dotes de sabedoria terá, não só seu sonho realizado, mas também poderá realizar o sonho da humanidade!

Atenção: não gaste tempo com tolices, poderá faltar ao precisar usá-lo em coisas inteligentes!

21

Cultura: ligação direta entre o sonho e o sucesso

O homem sem cultura é um homem nu que vive a se esconder, temendo ter o seu saber confrontado, sua moral diminuída.

O inculto tem uma roupagem interior frágil, esmaecida por sua própria palidez intelectual. O culto, contrariamente, é iluminado, garboso, pois detém a riqueza do saber imensurável.

Cultura é o alimento de cada dia. É o maná da alma e da mente. Aquele que a despreza vive em fome perene. A cultura nutre o corpo, fortalece os neurônios, engrandece o ser. E quem estiver bem-alimentado estará apto para participar dos grandes embates rumo aos grandes sonhos.

Se você pensa em sair por aí, disputando espaço, e que vai vencer só porque você é você, saiba que sem estar nos trilhos da cultura vai patinar e perder o trem das oportunidades.

E atenção, não espere que, sem esforço, as informações entrem no seu crânio como o ar nos pulmões. Você deve buscá-las assiduamente. Todo dia se aprende, e todo dia há o que ser aprendido. A cultura está luzindo em todos os cantos, como o sol no firmamento.

Ter cultura é vestir-se em trajes de gala, ter eloquência, ser visto, ouvido, cultuado. E mais: é pavimentar o acesso à porteira dos sonhos, abri-la, e ver à frente o sucesso num quadro espetacular!

Internet, rádio, TV, jornais, revistas... Opções valiosas, disponíveis em "tempo real", disponibilizando cultura em alto nível e baixo custo.

22

Educação e respeito: duas estradas para nos conduzir em segurança às vitórias

No curso da vida, muitas vezes viajamos por estradas íngremes, sem placas e indicativos para onde seguir. Com isso, acabamos nos perdendo por desvios e atalhos, e quando retomamos a direção certa, despendemos tempo precioso. Esses atalhos são a falta de educação e respeito. Ao optar por eles viajamos em marcha lenta e nos deparamos com imprevisibilidades, obstando nossa viagem e relegando-nos ao acostamento das realizações.

Geralmente, entorpecidos pelo estresse da luta pela sobrevivência, não percebemos que nossas ações e nosso comportamento social melindram e abalam as inter-relações.

Educação e respeito, ao contrário, são duas estradas paralelas, amplas, largas, bem sinalizadas e iluminadas, pelas quais trafegamos com desenvoltura e sem receio de paradas abruptas ou colisões. Ninguém chega à bandeirada final por atalhos errados e inseguros. Quando optamos pela estrada certa, nosso ir e vir é tranquilo e frutuoso. A estrada da educação e do respeito é por onde trafegam os grandes vitoriosos. Mesmo sob trânsito intenso, e observando normas e leis, ela nos leva em paz e rapidez ao nosso destino. E esse destino é onde estão os sonhos de cada um, pois é lá que se encontra o *paddock* dos campeões!

Educação e respeito são lições que aprendemos na sala de estar de casa e aperfeiçoamos na sala de aula da vida!

23

Informações que melhoram o trâmite dos seus sonhos: absorva-as, elas são primordiais

Seja o fã número "um" dos seus sonhos. Idealizador, arquiteto e construtor. Estruture-os na mente e informe-se dos mínimos detalhes para construí-los.

Entenda o mundo além de uma simples esfera no espaço – seus sonhos fazem parte dele. Abra os canais da mente para a luz das informações entrarem, pois de que vale uma casa de mil janelas que não entra nenhum raio de sol?

As informações são céleres, dinâmicas, e vêm em ondas num movimento cíclico e constante. Mantenha-se plugado, em conexão on line com as pessoas e as fontes *pontocom* para captar os acontecimentos de vanguarda.

Compatibilize nuances dos seus sonhos com as mutações. "Filtre" tudo que for importante para dar-lhes método e forma. Renove a "planta" e aperfeiçoe a maquete. Tenha seus sonhos tinindo para na hora "h" erguê-los com menor trabalho e maior eficácia.

Evite ser relapso, e, desinformado, ser pego de surpresa. A chance quando vem não espera. Já imaginou, de repente tudo pronto – disposição e dinheiro em caixa –, e, no momento de iniciar a construção, as informações mudarem e o sonho ser desfeito?

Se você sonha com um império, lembre-se que erguê-lo começa-se cavando um simples buraco de alicerce...

24

Ideias inteligentes: tinta de ouro para colorir nossos sonhos

Se a sua cabeça é um celeiro de ideias, e você pressente que são inteligentes e que pô-las em prática pode representar melhoria na vida das pessoas, é hora de implementá-las para também melhorar sua vida. Ideia guardada é ouro desperdiçado. Quem garante que outrem, de repente, não tenha uma semelhante e antecipe-se à sua? Às vezes, aparentemente simples e banal, ela pode ser de grande valia para a sociedade. Tome como exemplo a invenção do clipe para prender papéis, do pregador de roupas, ou mesmo a invenção da roda, ideias simples que revolucionaram o mundo.

Então, se a pedra bruta de uma boa ideia surgir, não a descarte a esmo. Burile-a, dê-lhe um polimento e formato de "coisa". Registre-a e, por que não? Saia a campo para transformá-la em produto.

A ideia é a mãe da invenção. E, embora um mundo de coisas tenha sido inventado, outro mundo de coisas se haverá de inventar. Para tanto, ponha seus neurônios para funcionar, faça-os borbulhar e libere a inspiração. Agarre a que tiver conteúdo, e mãos à obra. Delineada uma boa ideia, ao mover-se para realizá-la será a primeira pincelada para pintar a tela dos seus sonhos!

Uma boa ideia na cabeça pode representar muitos cifrões no bolso.

25

Capacidade, otimismo e atitude: com esses atributos, que sonhos resistem?

Sonhe grande, sonhe alto, sonhe o melhor sonho e dê tudo de si para realizá-lo. Acrescente, além dos quesitos acima, extênues e longas horas de estudo, afinal ninguém chega a papa desconhecendo a Bíblia. Viver afastado da leitura e das salas de aula é como um eremita recluso em cavernas; não age nem interage com a sociedade. Agregue, então, ferramentas úteis para alicerçar o chão dos seus projetos e erguer sólidos objetivos:

- Capacite-se e dê mostras da sua capacidade; ouro no escuro não brilha.
- Otimize seus pensamentos, suas vibrações, seu ritmo de vida; dê um *up*, um refinamento em si mesmo.
- Tenha atitude em sua vida, não espere, vá ao encontro de, não dependa de terceiros, antecipe-se, faça acontecer.

Jamais negligencie seus valores e os seus dotes intelectuais, senão o melhor dos seus sonhos serão apenas belas paisagens passando rapidamente nas janelas da sua vida.

Sucesso? Comece a competir agora. O tiro de largada soa a cada segundo!

Perspectivas para alicerçar seus sonhos

- Inove-se, renove-se. Faça novas as velhas formas de competir. Enquanto os outros desistem, persista; enquanto hesitam, decida; enquanto pensam, aja. Isso é ampliar realizações e encurtar o tempo entre você e o êxito!
- Não importa a profissão, sinta prazer no seu trabalho e faça dele um multiplicador de alegrias. E, lembre-se: bons frutos advêm de boas sementes!
- Um sonho, trabalho e perseverança são lanternas para iluminar o túnel escuro das adversidades e, do outro lado, encontrar o esplendor da felicidade!
- Corra o risco, estrategicamente calculado, de tentar conquistar as coisas que ama e deseja. Às vezes uma pequena pitada de ousadia pode fazer a diferença entre o ocaso e o esplendor!
- Seu pensamento faz lindas viagens quando você possui bons sonhos sobre os quais meditar.
- Se você tem um sonho para ser construído, e evoca o santo nome de Deus, você recebe a força mais espetacular para ajudá-lo na construção!

26

Carisma: magnetismo pessoal em prol de si mesmo

Carisma é o fascínio que uma pessoa irradia capaz de encantar outras pessoas, despertando, de pronto, simpatia e aprovação.

Possuir o dom do carisma não é, necessariamente, algo que já se "nasce com ele". Pode, por isso, ser desenvolvido e aperfeiçoado com o tempo, por meio de cursos de boa postura que aprimoram a contextura física, e de comunicação, onde se adquire conteúdo, seja referente ao cotidiano, econômico, político...

Nos campos de batalha da vida, para brigar por seus objetivos é imprescindível a eloquência acompanhada de sorrisos polidos e gestos refinados. É inquestionável que, enquanto uma frase bem expressada pode fazer a diferença entre aplausos e vaias, um gesto, um sorriso, podem ter como resposta a reverência, as boas-vindas.

Além disso, há que haver sincronia entre você e os seus interlocutores. Se não houver coerência entre o que você é e o que diz ser, o que faz e o que diz fazer, seus planos cairão por terra. Ter carisma é usar esse poderoso magnetismo pessoal para sedimentar os planos e metas, como um exímio arquiteto que edifica o mais belo edifício: o seu futuro.

O sonho é uma simples ilusão... Mas, nutrir o sonho e trabalhar por ele é um dia vê-lo realidade!

27

Bom-humor, alto astral: seus sonhos em alta definição!

Você pode e deve desfrutar as coisas boas da vida. Elas estão aí, à sua disposição, e tudo é belo se olhá-las com um olhar embelecido.

Evite reclamar que nada está do "jeito que você gosta" e de lamentar que você "está certo e o mundo errado". O estágio do mau humor e do baixo astral é o precursor da indolência, mal que acomete a matéria física; a vida transcorre em baixa rotação, qual um velho filme em preto e branco...

Premie a si mesmo com belezas que a fábrica da natureza tece à sua volta e seus olhos insistem em não captar!

Se você olha para a imponência do mar e vê apenas um represamento de águas, olha para o cintilar das estrelas e não ouve a voz da inspiração lhe balbuciar um poema, por certo lhe falta uma ligação entre a mente e o coração. Você está desconectado do mundo real, o filme da existência passando e as chances de progresso e evolução se perdendo.

Sacuda a si mesmo, viva em progressão, aproxime-se do alvo dos seus sonhos!

Considere, todos os dias, feriado dentro de si. Derrube a ditadura do mau humor, eleja a democracia do alto astral e governe seu corpo sob a política da alegria. Vamos lá, rumo aos seus sonhos. Recrie um novo modo de ser, dê-se um visual feliz e siga, sob as luzes da apoteose!

Se o sol brilhou e você não viu, não lamente, abra os olhos e aplauda o que está por vir!

28

Mente sã, corpo são: chave para abrir as portas da vitória

Exercícios para a mente (boas leituras, bons sons e imagens) e para o corpo (ginástica, bons alimentos, abjurar os vícios) são fundamentos indispensáveis para, saudável, o corpo enfrentar os leões do cotidiano.

Quando o binômio corpo e mente está no céu astral, há uma harmonia do ser e tudo à volta conspira para tornar-se fácil e ameno, tranquilo. As pessoas se aproximam, o número de amigos aumenta, as portas se abrem e os sorrisos se acendem.

Pessoas nesse estágio, felizes por dentro e por fora, são guerreiros tenazes que enfrentam as adversidades, negociam, deliberam, desconhecem dificuldades e fracassos.

O conjunto corpo e mente é como um planeta, sustentáculo da alma. Sua rotação, em harmonia com a vida, recebe luz, calor e energias venturosas.

Estressar-se, ao contrário, é quebrar a linha imaginária que sustém o "planeta corpo", e, em órbita estranha, perder-se nas trevas, sem direção. Há que se estar em equilíbrio pleno, "zen", no centro de si mesmo, irradiando a aura dos que vencem e não dos que são vencidos.

Seja você o escultor dos seus sonhos. Trabalhe seu corpo como um repositório divinal e sua mente despoluída dos malefícios da Modernidade. Faça isso e receba as chaves para abrir as portas de uma vida melhor!

A vida é um mundo de desafios. Vencê-los? Mente, tronco e membros em ação!

29

Cordialidade: um fazedor de amigos, um fabricador de sonhos!

É certo que um gesto vale mais que mil palavras, mas quando o gesto é cordial o valor é imensurável. A afabilidade na voz e a afetuosidade no trato são dois anéis feitos do mesmo ouro: a cordialidade. Aqueles que primam seu modo de ser e de viver com o brilho dourado da cordialidade caminham firmemente rumo ao pódio dos seus sonhos.

Aspereza, estupidez, incivilidade, entre outros, são comportamentos que não constam dos manuais de ética e boas maneiras. A truculência silencia o diálogo, afasta os interlocutores. Como alguém pode carrear simpatia para os seus projetos agindo com maus modos, com uma adaga nas palavras?

Inversamente, franqueza, brandura e gestos amigáveis, são alguns exemplos para se apresentar o projeto dos sonhos e ser visto, ouvido, avaliado.

A cordialidade apazigua os ânimos, abre sorrisos, aproxima estranhos, estreita relações. A empatia é imediata entre aqueles que têm fineza no trato, espontânea e sincera, e se inter-relacionam de forma cordial.

Se você tem um projeto concebido, faça da cordialidade seu cartão de visita, e, se acaso não conseguir realizar seu projeto, com certeza terá realizado grandes amizades!

Colocar a cordialidade como princípio de vida é igual colocar uma lâmpada na escuridão!

30

Honradez: construir sonhos fica muito mais fácil e rápido

A honra é um distintivo de muitos quilates que ostentam aqueles de conceito ímpar e de conduta ilibada. O homem sem honra é um excluído da sociedade, uma peça fora do tabuleiro. Ninguém afiança seus projetos, seus sonhos são individuais.

Viver sem honra é viver à margem, seguir sem chão, sem norte, ver as pessoas pelas costas. Honradez, ao contrário, é andar altivo, pois é uma qualidade moral que aproxima conhecidos e desconhecidos.

Como o sonho sair do papel e erguê-lo na terra, dar eco à voz, alavancar crédito conceitual perante o público se a honradez está reduzida a zero? Honra é um princípio ético, um investimento em si mesmo que gera o lucro da boa convivência e perdura por toda a vida. Ninguém perde seu tempo e apoia o desonrado em seus projetos e sonhos; este é um solitário empreendedor.

O homem que se mantém longe do comportamento antiético, que preserva o caráter e a dignidade, qualifica-se para jornadas grandiosas. Ou alguém desonrado recebe cetro e coroa?

As pessoas, hoje, estão mais atentas e seletivas. Não se deixam levar por aparências exteriores ou pelo bem versar. As inter-relações são pautadas pelo *ser*, e aí se inclui a honra como fator primordial.

Pessoas honradas privilegiam pessoas honradas – boas ações desencadeiam boas reações. Estas andam destemidas, são bem-vistas e referendadas. Têm o passaporte de cidadão universal e podem galgar ao patamar dos sonhos, erguidas por mãos firmes e apoio incondicional.

Valorize sempre o honrado e sua honradez será sempre valorizada!

31

Confiança: cartão de crédito social ilimitado

Não existe relação sólida quando é frágil o vínculo da confiança. Confiar e ser confiável, é um binômio que se completa e dá sustentação à vida em sociedade. Quem é indigno de confiança é preterido na roda de amigos, na evolução profissional, na vida íntima.

Ser confiável é um item valoroso no currículo humano. As pessoas com as quais nos relacionamos não devem apenas inspirar confiança, mas devem ser de confiança, afinal não existe ninguém meio confiável; ou se é por inteiro ou se é relegado. Por conseguinte, deve ter conduta idônea, sem nódoas que manchem seu caráter e sua dignidade.

Quantas empresas, famílias e amizades se desestruturam e os sonhos de progresso se desfazem por desconfianças mútuas?

Ninguém empresta seu cadastro nem afiança sonhos de quem não irradia em sua formação a confiabilidade.

Confiar é crer, ter fé, acreditar. Fazer-se confiável é espelhar um diferencial humano, ser benquisto, admirado. O homem confiável é agregador, respeitado, e tem moral para aglutinar em sua equipe pessoas de todos os naipes.

Ser alguém de confiança é o segredo para granjear parcerias, elaborar projetos e sair à frente para construir seus sonhos.

Se você é confiável, desconfie de quem não confiar em você.

32

Honestidade e mãos laboriosas nos dão o poder de erigir sonhos magistrais!

Dentre tantos predicados que moldam o caráter de uma pessoa, há um que tem destaque exponencial: a honestidade. Aquele que a carrega em sua bagagem está pronto para correr o mundo, ser recepcionado por reis e autoridades, e realizar os mais apoteóticos sonhos.

Quem faz a viagem da vida, desprovido da honestidade, tem um percurso incerto, sem porto nem destino. Ninguém lhe dá guarida nem se arrisca a aliar-se aos seus sonhos. É uma carta fora do baralho, um joio no trigo, prestes a ser descartado irremediavelmente.

Respeitar os dogmas da honestidade é uma lição que desde cedo se aprende no convívio do lar. E uma vez aprendida, para sempre é praticada, pois esquecê-la é ser esquecido pela sociedade. Ter honestidade, portanto, é ter decoro, recato, pureza e seguir preceitos éticos e morais.

Não ser arrebatado pelas seduções da Modernidade e manter-se inflexível são posturas honorabilíssimas. No laboratório desenvolvedor dos sonhos, a honestidade é um componente que deve estar sempre atuante.

Inteligência, força e outros valores perdem o *status* quando a honestidade é preterida. No rol dos atributos humanos ela é o primeiro item, pois é dela que derivam todas as grandes conquistas pessoais.

O sonho do desonesto é corroído pela ação da lei, tal qual a seda é corroída pela ação da traça!

33

Gratidão: sentimento que une quem dá e quem recebe

O senso de gratidão define a nobreza de quem reconhece os esforços dos outros em seu benefício. Pessoas que deixam seus afazeres, para ajudar a cuidar dos nossos, merecem o agradecimento expressado com a voz do coração.

A sonoridade das palavras: "grato", "agradecido" e "obrigado", quando carregadas de emoção, pureza e sinceridade, têm o poder de sensibilizar quem as ouve, qual um pagamento divinal.

Gratidão é o reconhecimento por um favor, ajuda, benefício, colaboração. Assim, não importa a forma da ajuda recebida, afinal se a recebemos é porque precisávamos. O que importa é a forma do agradecimento, ou seja, as palavras podem ser pequenas, mas o sentimento deve ser grande.

E quanto ao ingrato, quanto de ajuda recebe? E por quanto tempo?

Em verdade, ninguém se dispõe a ajudar o ingrato a erguer o pesado fardo da vida. As portas dos seus sonhos, uma a uma, vão se fechando e ele fica enclausurado em si mesmo.

Por isso, para o momento oportuno devemos, sempre, ter prontas nos lábios as palavras nobres de gratidão. Construir nossos sonhos, com pessoas colaborando, resulta em uma tarefa menos espinhosa e mais prazerosa.

E não se esqueça, jamais, após cada sonho construído, primeiramente, unir as mãos, erguê-las ao céu e agradecer a Deus!

Palavras de gratidão: energia que impulsiona a máquina dos sonhos!

34

Bom diálogo: unificador de conceitos, edificador de projetos

Como iniciar e dar o retoque final nos seus sonhos se você não mantiver diálogo, dos operários ao arquiteto?

Diálogo é um meio de comunicação que aproxima e une pessoas e as nivela na mesma linha de raciocínio, a fim de solucionar dúvidas, obter o entendimento e, assim, produzir riquezas.

Com o diálogo obtém-se um denominador comum para conceitos heterogêneos. Você corrige erros, repara injustiças, apazigua, perdoa, compreende e é compreendido. O mundo seria um caos se o diálogo não prevalecesse entre as pessoas e os líderes das nações.

Nada se resolve com o silêncio, a indiferença, o malversar. Estes, ao contrário, tira-o do seu equilíbrio, perturba-o e desvia-o do bom caminho.

O diálogo é um formador de opinião, propulsor das boas relações que gera a onda calma do entendimento.

Como revelar o que se tem em mente e ir do sonho à execução, mantendo-se a palavra guardada na boca? Para compreender e ser compreendido, dialogue de forma bem articulada, com desenvoltura, em bom-tom.

Fale, ouça, entenda e dê vida aos seus sonhos através da boa palavra!

É com a força do diálogo que abrimos as pesadas portas das dúvidas e das incompreensões.

35

Mentiras e verdades: entre o sonho e a ilusão

Se você jogar uma reles mentira numa fornalha de verdades ela poderá apagar o fogo, irremediavelmente... A mentira desconstrói e derruba as paredes sólidas das relações, rompe o elo das amizades.

Quando alguém mente, dá um passo em ré na direção dos sonhos. E, além dos outros avançarem, ganharem terreno e tempo, aquele retrocede e se atrasa.

O que industrializa mentiras tem uma máquina cerebral defeituosa que produz o que não se pode comprar. Gasta matéria-prima cedida pela vida, tempo e inteligência – bens valiosos –, para produzir algo que não tem valor. Ninguém quer possuir objetos martelados nas forjas da mentira, sucatas descartáveis da mente humana.

Quanto crédito tem o mentiroso? Quantos nomes íntegros fazem parte da sua lista de honrados?

Todo projeto e todo esforço para construir um sonho notável, para si e para as pessoas, deve ser produzido conscientemente, com o fio irrompível da verdade.

Mentiras constroem sonhos efêmeros, frágeis, ilusões que só existem na cabeça do mentor. Ao primeiro embate com a veracidade, desmancham-se e desaparecem como chuva no mar.

Ser um mensageiro das verdades é ter suas propostas avaliadas com interesse e atenção. A percepção ante o verídico é positiva, pois o olhar capta nuances sensíveis, que fogem à exposição de quem mente.

Mesmo que demande tempo, paciência. Seja partidário da verdade. Seus sonhos, ao se realizarem, serão belos, valorosos e duradouros.

Uma simples gota de verdade move mais ondas do que um mar de mentiras!

36

Calma, paciência: construir um sonho pode ser questão de detalhe...

O que não puder construir hoje, amanhã haverá de construir. Calma, paciência. Não arrefeça nem disperse o interesse. Conduza as coisas de forma que elas interajam entre si, simetricamente, e voltem para você prontas para usufruto.

Se hoje o dia não foi bom, amanhã será melhor. Calma, paciência, porque não é que você não tenha realizado seus sonhos, é que eles foram estrategicamente postergados... Pense assim e mantenha a "pegada". Os ventos da boa ventura são imprevisíveis e de repente podem mudar e soprar em sua direção.

Nada que se faz na pressa ou na impaciência sai perfeito. Isso é um defectivo humano. Logo, de que adianta arrumar o canteiro de obras para construir seu sonho, despejar um caminhão de esperança, esquentar a cabeça, para, ao final, ver que o que construiu não era bem o que sonhou?

Despregue os olhos do relógio. Perder a calma e a paciência é tropeçar na inabilidade e, pior que atrapalhar os outros, atrapalhar a si próprio.

Calma, paciência, para cada enxadada uma semente. E, um dia, na primavera da felicidade, você verá seu sonho, um belo e imenso pomar florido!

O que se produz na pressa e na impaciência, geralmente tem o toque do defeito ou da imperfeição.

37

Comodismo: abandone-o e encontre a arca do tesouro mais valioso da terra!

Não viva eternamente uma vida linear. Alcance um ponto acima no gráfico, rumo ao endereço mais próximo do seu sonho. Para frente, para cima! Acomodar-se é cochilar no leito da estagnação e, mesmo tendo a chave e o segredo do cofre, mantê-lo fechado e vazio.

Siga em frente!

Desperte cedo, sono bem-dormido, corpo repousado, planos se concatenando na cabeça e se encaixando como um cobiçado mapa do tesouro.

Siga em frente!

Enumere seus pontos fracos, trabalhe-os um a um, com fibra e energia, e aperfeiçoe-os. Simultaneamente, dê mostras dos seus pontos fortes e enfatize-os. Faça que vejam e admirem, sem vaidade, o quão é hábil e capaz. Seu potencial é um trunfo para ser jogado e obter dele a rota mais curta para o tesouro.

Siga em frente!

Ânimo é o antídoto contra o comodismo. Assim, quando seu interesse e disposição forem maiores que a indisposição e desinteresse, você, enfim, terá seu cofre cheio com as pedras preciosas da bem-aventurança!

Batalhe e conquiste seus sonhos, mostre que é capaz.
O comodismo é a droga dos incapazes!

Bom sonho: magnitude ou qualidade?

- Se você tem vários sonhos, defina-se por um e trabalhe por ele. Querer construir todos ao mesmo tempo, sem definição, é, ao final, perder tempo, dinheiro e não construir nenhum!
- Antes a reflexão de um pequeno sonho do que a cabeça vazia e nenhum sonho para refletir!
- Não é a dimensão de um sonho que define o sucesso, mas a essência dele!
- Se você ainda não tem nenhum sonho, abra-se à paixão pela vida. Ela, por si só, é um sonho transcendental!

38

Medo: desencantador dos nossos sonhos

Muitas vezes, temerosos do fracasso, deixamos uma chance de ouro passar e adiamos o sonho de sucesso.

Presos nas algemas do medo, ficamos atados aos nossos fantasmas e vemos os sonhos surgirem e desaparecerem como gotas de orvalho ao sol.

Quando deixamos o medo de perder ser maior que a coragem de ganhar, o resultado é o desencantamento com os nossos valores e o nosso potencial. E, geralmente, o resultado final é imprevisível...

Ser dominado pela indecisão, insegurança e hesitação é manter-se sempre no batalhão de retaguarda, sem nunca avançar para o principal e assim fincar sua própria bandeira da vitória.

Quando o sonho pinta-se como um arco-íris de esperança em nosso juízo, pode ser um chamado para arregaçarmos as mangas e mudarmos radicalmente o sentido de nossas vidas.

Sim, um sonho bem-esculpido, bem-delineado – daqueles que têm princípio, meio e fim –, claro como a luz, real que podemos sentir sua textura, não deve ser preterido banalmente pelo medo. Devemos encará-lo e estudá-lo em minúcias para minimizar os riscos, inflar os pulmões de vontade, retesar os músculos e enfrentá-lo, corajosamente. E, por fim, fazer-se o maior vencedor do mundo!

Atenção: o medo de errar não diminui os erros, e sim os acertos!

39

Pessimismo: sentimento que pode travar nossos sonhos

Se, diante de uma decisão importante que pode representar a construção do tão almejado sonho e mudar a história da sua vida, você tem dentro de si os pensamentos:

- "Eu não vou conseguir..."
- "Isso é impossível..."
- "Eu não nasci para isso..."
- "Hoje não, amanhã eu decido..."
- Etc.

É hora de rever seus conceitos e reestruturar os planos para um amanhã auspicioso, ou trancar o sonho no baú do esquecimento. Pessimismo é operar contra o próprio patrimônio e sabotar a chance de progresso.

Quando as nuvens do derrotismo caem sobre alguém, o resultado é a chuva do insucesso.

Há que fortalecer a crença nos objetivos, otimizar as ações, os pensamentos e fazer-se um instrumento realizador. Porque, em verdade, ninguém vai realizá-los por você.

Todos nós temos um astro, o pensamento, que nos clareia com as chamas do otimismo. Devemos mantê-lo sempre aceso, inundando nossa mente com a chama das boas emanações. Ela reflete pelo corpo alegria e disposição para vencer os desafios. O resultado? A realização de sonhos inimagináveis!

Na maternidade dos grandes sonhos só há berçário para os otimistas!

40

Sensatez: você bem-armado para digladiar pelos seus sonhos!

Vencer as adversidades de hoje, para amanhã nos refestelarmos nas praias do bem-viver, requer lutas não raras vezes maiores que as nossas próprias forças.

Seguir a longa e sinuosa estrada da vida, rumo ao bulevar dos nossos sonhos, faz-se mister disciplinar a mente, enrijecer os braços, domar as forças. Colher as rosas da felicidade, e não nos ferirmos nos espinhos das intransigências, há que agir com bom-senso, precaução, prudência, comedimento. Essas qualidades, às quais incluem-se o equilíbrio, a discrição e a previdência, revestem a personalidade daqueles que têm o diferencial entre ganhar ou perder, avançar ou recuar, arriscar ou desistir. Na mente do sensato o sonho transcorre ajuizadamente, pois suas decisões não são abrasadas nem impróprias, mas sóbrias e oportunas.

Somos bilhões, com bilhões de sonhos exalando da mente de cada um. Sonhos loucos, desmesurados, maravilhosos...

Erguer, no futuro, o lábaro da paz nos prados da prosperidade depende da nossa luta no presente – a luta do trabalho. E a vitória é iminente quando em nossas guerras, no nosso arsenal de armas, empunhamos a estratégica arma da sensatez!

Agir com imprudência é criar problema em vez de solução. Agir com sensatez é encontrar solução no "insolucionável"...

41

Perseverança: "asa-motora" dos mais inacreditáveis sonhos!

Não transforme o projeto de um sonho maiúsculo numa fração, dividindo-o em partes minúsculas e correndo o risco de perder o controle de todas. Fixar os olhos numa única vertente, e trabalhar para realizá-la, já é deveras difícil, imagine em várias... A atenção difusa desconcentra e pode transformar o resultado em fiasco.

Mantenha-se fiel ao projeto original. Faça os ajustes e correções, e prossiga. Se a sua cabeça, ante as dificuldades de um sonho próspero e factível, quiser ditar ao seu corpo novas opções, seja resoluto e persevere; não desacelere nem retroceda.

Uma vez estabelecidos os planos, siga-os até o fim. Com empolgação e entrega total. Conserve-se firme, vigilante, sem mudar de intenções. Da pertinácia à perfeição, e do processo ao sucesso é uma linha reta. A isso se dá o nome de perseverança.

A perseverança é o motor que não deixa emperrar a máquina produtora dos sonhos da humanidade. Quem construiu as mais extraordinárias obras teve na perseverança o combustível principal.

Desistir antes da última "peça", do polimento final e do carimbo "pronto" é desistir do futuro e jamais ver brilhar a taça da vitória!

O homem sem perseverança é igual à máquina sem motor: o que produz, sem impulso, para girar as engrenagens do fazer?

42

Curiosidade: quando as perguntas nos movem em busca das respostas

As dúvidas e a necessidade de desvendar o porquê das coisas nos incitam à curiosidade e esta nos impele à busca de respostas.

O desejo incontrolável de ver, saber, conhecer, desvendar, é qual uma chama que nos mantém acesos e irrequietos, atiçando a brasa viva da curiosidade.

Quantos segredos escondidos sob o vergel da natureza são revelados pelo olho biônico da curiosidade? E, igualmente, quantas descobertas e invenções são lançadas no mercado a todo o momento, realizando o sonho dos inventores e dos beneficiários?

A curiosidade, devidamente delineada e arrazoada, é uma grande aliada dos sonhadores que querem transformar interrogações em exclamações.

Muitos "por quês", que insistem pulsar em nossa cabeça, podem ser o fio da meada de um sonho acalentado silenciosamente, trazendo em seu bojo o ineditismo de uma obra.

Quando a curiosidade seja sobre um tema, uma pesquisa ou uma nova ideia efervescer no seu crânio, e não der sossego aos seus pensamentos, tome as rédeas e dirija-a de forma consciente. Busque as respostas às suas indagações. Pense que curiosidade é carvão na fornalha do trem rumo à realização dos sonhos!

Descortinar o véu da curiosidade é, do outro lado, quem sabe, vislumbrar um universo fascinante!

43

Determinação: ânimo, ousadia, persistência. Energias a serviço dos seus objetivos

Se você tem um sonho, que a toda hora desperta na sua mente em forma e detalhes, e fica fantasiando suas maravilhas e quão feliz seria se o realizasse, pare e faça uma reflexão. Reflita se você está à espera que o sonho aconteça ou se ele espera que você o faça acontecer...

Bem, você fixou-se nesse sonho, qual um *flash* na retina, e carrega-o consigo como a pele do corpo. Mentalmente, repassa ponto a ponto a trajetória e pensa "ah, se eu tivesse dinheiro...", ou então, "ah se eu tivesse tempo, sorte, forças e oportunidade" etc. E, no entanto, faz dessas variáveis subterfúgios para adiar o sonho e assim entronizá-lo na consciência...

Mas, espere! Há que se fazer o que deve ser feito. Você merece construir para si o que é digno de todo mortal construir: sua própria felicidade. Então, esqueça as condicionantes e seja resoluto, arrojado, ativo. Sem determinação o corpo fica rebelde para o trabalho e pregado no sofá da improdutividade. Decida-se com firmeza e denodo. Incline-se com persistência para o que quer fazer e faça.

Avalie que, com a caneta da determinação, o homem escreveu os capítulos mais impressionantes da história universal. Com um sonho em mente, de pedra em pedra, ergueu a Muralha da China, e de pedra em pedra, derrubou o Muro de Berlim!

Determinação: energia supra-humana que nos impele a construir obras inenarráveis.

44

Generosidade: ajudar a construir os sonhos dos outros é ver dois sonhos construídos!

Muitas vezes o excessivo apego ao ego, a luta a qualquer custo para ter e não perder bens conquistados, remete o ser humano a um conflito íntimo, e com ele o isolamento. Endeusando a si e suas posses, negligencia os outros revelando, assim, desapego às pessoas e apego à matéria. Seus sonhos e suas realizações são o que importam, tudo o mais é irrelevante. Essa valorização constante do egocentrismo acaba por afastá-lo de um valor supra-humano, o qual o enobrece e o torna virtuoso: a generosidade.

Generoso é ser bondoso, benevolente. É ter o dom de abrir as mãos para a ajuda, virtude de quem se presta sacrificando seus próprios interesses para beneficiar os do próximo.

O coração do generoso tem no seu âmago ensinamentos divinais, como a magnanimidade e a benevolência, diferenciais que o fazem um ser ilustre, de boa linhagem, caráter ímpar. E, sem dúvida, o generoso multiplica sua felicidade quando se divide para ajudar os desprovidos.

Ninguém empobrece ao ajudar os semelhantes. Ser generoso, e por sê-lo, viver feliz por dentro e por fora é, ao realizar sonhos alheios, realizar os próprios, os quais são os mais espetaculares que alguém pode ter.

A felicidade do generoso está em ver o semelhante feliz!

45

Transigência: caminho plano e reto para chegar ao *hall* dos sonhos

Em vários momentos da vida perdemos oportunidades de concretizar ótimos negócios e com eles darmos um *up* nos nossos sonhos. E, pior, há vezes em que, junto, perdemos também a amizade...

Termos um ponto de vista definido, e nos tentar contrariar, é algo que, em geral, não aceitamos placidamente. Tendemos à resistência, à imposição do que consideramos justo e correto, sem percebermos que podemos ser injustos e incorretos. Por consequência, o entendimento não flui, há um recrudescer de semblantes e o tão almejado negócio é desfeito. Onde era para plantarmos uma árvore frutífera no pomar dos sonhos, abandonamos a terra pronta, indefinidamente...

Abrir bem os ouvidos e instalar a antena da percepção pode ser mais importante do que abrir a boca e se precipitar a falar. Quando você se relaciona, tenha a magnitude que tiver a relação, a concordância e a conciliação são os selos régios do diálogo. Portanto, primeiro ouvir, depurar, e depois falar é o segredo do bom contrato.

Um diálogo sem entendimento é um grande entrave nas relações humanas. Puxar as rédeas da transigência é entornar a carga preciosa da condescendência.

Ceder, concordar e tolerar são caminhos para o pacto das boas relações; para transformar o negócio momentâneo na realização de um sonho, não para um momento, mas para toda uma vida!

Atenção: não perder minutos para a conciliação, pode-se ganhar séculos de desavenças!

46

Presunçoso: construtor de sonhos longínquos e fugazes como a luz das estrelas cadentes...

Imperceptivelmente, levados por um impulso da vaidade, muitos acabam propalando conquistas além das suas forças, capacidade, posses, qualidades. Quando caem em si, veem que exageraram e que a reação à sua volta é de negação e desaprovação. E aí, para não cair no ridículo, ou silenciam ou tentam provar teorizando o improvável...

Esse é um ato falho de quem não mensura seu real potencial e presume ser mais do que verdadeiramente é. Acaba por supervalorizar-se na presunção do que acredita, com o intuito de se enaltecer e obter vantagens. E como erram o alvo os presunçosos!

Belos e inabaláveis edifícios são construídos com adobos feitos de argila de boa liga, não de qualquer areia. E assim são os sonhos; para serem belos e inabaláveis, devem ser edificados com autenticidade de caráter e não com a alvenaria enganosa da presunção.

Não ser presunçoso e mostrar-se interiormente com transparência, revelando o verdadeiro "eu", é ter os olhos da sociedade voltados para si com aprovação e respeito. E com essa postura, ao menos para os *croquis* dos sonhos, obter um cheque emotivo assinado em branco.

Os sonhos na cabeça dos presunçosos são magníficos, mas sem alicerces, vigas, colunas...

47

Ociosidade: veneno que catalisa nossos planos

Construir o palacete da boa-venturança, que temos em mente, depende das mãos que moldam o barro. Mãos silentes, incapazes de atos simples ou de erguer pesos maiores que si mesmas, não vão proporcionar ao corpo o prazeroso bem-estar da realização.

O planeta inteiro vive um processo transformativo, onde os ventos da evolução sopram igualmente para todos. No entanto, inversamente às formigas que, para garantir a sobrevivência, trabalham diuturnamente, boa parte das pessoas adormecem sob o ar-condicionado da ociosidade.

Os sonhos movem o mundo. Os pensamentos movem as mentes, usinas humanas produtoras dos mais inusitados sonhos.

Sem atividade estagnamos. Nossa vida só vai mudar se mudarmos o jeito de viver, e essa mudança deve começar agora, com um choque de ânimo e proatividade.

O primeiro ato é darmos um *start* e depois fazermos de nossos membros agentes propulsores das mudanças. O palacete dos sonhos está aí, espaço aberto no ar. Abandonar a ociosidade é, do seu gosto e jeito, erguê-lo imponente sobre o chão da realidade.

Se você não puder construir um palacete, construa um casebre. Em matéria de sonho, seja qual tamanho for, o importante é jamais deixar de construí-lo!

48

Hipocrisia: comportamento que descerra as cortinas do palco dos sonhos

Para que alguém, hipocritamente, assinar como seu o sonho alheio? Sonho é uma obra íntima, de um só original, pois tem na composição do seu DNA o coração do autor. Ninguém que é partidário da hipocrisia arregimenta pessoas sinceras para ser partícipe dos seus sonhos.

Hipocrisia é fingimento de virtudes, dissimulação, falsidade. É uma bagagem que alguns carregam, qual vendedor de ilusões, sem rumo, clientes e paragens.

Os projetos, mesmo pequenos e fáceis, não são concretizados por quem ostenta a pecha da hipocrisia. A sociedade repudia e discrimina obras alicerçadas por quem escamoteia a verdade. Por isso, é fundamental sermos verdadeiros com os outros, para que os outros sejam verdadeiros conosco. Que solidez tem o ato falso? Quem, em sã consciência, filia-se ao hipócrita e é parceiro dos seus atos?

Quem tem índole inatacável não tangencia a verdade nem dissimula sentimentos reais. Este tem firmeza de caráter, é requisitado para servir aos mestres, realizar sonhos alheios e ter, assim, seus próprios sonhos realizados.

No teatro da vida, agir com sinceridade é, ao final do show, *receber aplausos e ovações da plateia!*

49

Irresponsabilidade: comportamento demolidor de sonhos

Sob a lupa criteriosa da sociedade, projetos arquitetados por pessoa sem a chancela "responsável" são preteridos e arquivados. O mundo empresarial é perspicaz e não investe tempo e recursos onde o retorno é hipotético ou duvidoso. Ao transfigurar-se a imagem da irresponsabilidade, as portas do mundo se fecham definitivamente. Já os projetos do responsável, ao contrário, têm canal aberto, receptividade imediata e avaliação preferencial.

Ninguém faz associação com o irresponsável. Seus projetos são descartados e ignorados, pois como se construir sonhos em bases fragilizadas? É certo que um pequeno parafuso defeituoso num motor pode danificar toda a estrutura da máquina, e um pequeno ato de irresponsabilidade pode danificar toda a estrutura do sonho. Assim, ter esse tipo de comportamento é perder o eixo moral e isolar-se do convívio social.

Ser responsável é ter a obrigação de responder pelas próprias ações ou de terceiros. É ser cuidadoso, probo, honrado.

Os projetos do responsável têm aval e são aceitos em todos os círculos, por todas as entidades. Sua valise está sempre repleta de sonhos alinhavados, muitos deles prontinhos para serem negociados e executados!

A responsabilidade faz a diferença entre o homem requisitado e o ignorado, o comum e o superior.

50

Conquistas alheias? Não inveje. Faça o que é preciso fazer e conquiste por si mesmo!

Inveja? Afaste esse cálice. Não fique admirando a taça do mérito alheio brilhando e você, braços cruzados, sem tentar a sua. Então, vamos lá, mexa-se, tire os pés do chão!

Organize métodos, envida esforços, direcione-se aos propósitos que tem em mente e haverá também de conquistar o laurel. Tudo é possível, basta coragem, reavivar os brios e calçar as luvas do querer. Desafiar as dificuldades, não pretender o imediatismo das coisas e ir, paulatinamente, assentando os tijolos para alicerçar suas conquistas.

Lute com suas forças. Vença por sua capacidade. Apague do olhar o luzir da inveja. Ela é um anseio de possuir bens ou propriedades de outrem. Para que um sonho alheio quando se é capaz de ter o próprio sonho?

Pode, eventualmente, o sonho de uma pessoa ser semelhante ao de outra. Porém, sonho é como digital: cada um tem a sua.

Um sonho realizado pode até, para alguns, servir de exemplo ou inspiração. Contudo, jamais deve ter o envoltório da inveja. Andar com nossas próprias pernas, fazer nossas próprias escolhas, ir em busca delas e do que o futuro nos reserva, é a certeza de, em um momento da vida, merecidamente, recebermos a escritura do edifício das nossas conquistas!

A árvore da inveja tem raiz na incapacidade!

51

Egoísmo: muitos sonhos, poucas realizações

Jamais sonhe com conquistas sozinho, fechado em si, achando que pode abraçar o mundo. Sonhe, mas pense em dividir os prêmios com aqueles que manejam a clava do trabalho e lutam ao seu lado. Reflita que, ao dividirmos conquistas, multiplicamos as chances de ganhá-las, pois nesta vida lutas solitárias são derrotas iminentes.

Por isso, meça bem o tamanho do seu sonho, o quanto vai lutar e a dimensão das suas pretensões. Sonho grandioso e de muitas posses somente se pode conquistar em parceria. E, ao final, compartilhar o resultado é dividir o suor e democratizar a alegria. Há coisa melhor do que ter felicidade e fazer também os parceiros felizes?

Mas, atenção: não pretenda ter ajuda sem nada dar em troca. Fuja do egoísmo. Quem age assim ninguém lhe faz companhia. O egoísta maquina possuir metade de tudo para si – e a outra metade também. Seu amor exagerado por suas coisas o afasta, pouco a pouco, do convívio de todos.

Contrariamente, as realizações se multiplicam aos magnânimos que dividem suas conquistas. Todos se aliam e ajudam a levantar a âncora da nau dos sonhos de quem veleja, com os olhos na vitória e o coração pródigo.

Seja, você, avesso ao egoísmo. Viva o altruísmo, em que um se divide por todos e todos se materializam em um!

Egoístas que pretendem tudo para si geralmente acabam ficando com a parte menor...

52

Soberba: manifestação desprezível para quem sonha superlativos para a sua vida

Quantas pessoas passam a vida trabalhando duro, com simpleza e humildade e constroem, merecidamente, o palácio dos sonhos. Porém, quando estão próximas do antegozo, do mobiliário final para usufruto, são tomadas pela soberba da conquista e veem as tintas deslumbrantes da sua obra esmaecerem pouco a pouco... Infelizmente, embriagadas pelo líquen da glória, às vezes se transformam, despindo-se da humildade e transvestindo-se de soberba. Com isso se distanciam do lugar-comum, os amigos rareiam e elas se retraem num mundo particular. A obra tão sonhada, e conquistada, passa a ser objeto de exposição; mais para ser vista do que usada.

Soberba é um ato de arrogância, manifestação com orgulho excessivo e até muitas vezes ilegítimo. As pessoas ao redor condenam e repudiam aqueles que agem e vestem essa roupagem fantasiosa.

As obras dos simples, dos humildes, contrariamente são vistas com olhos de aprovação, consideração, respeito. Os sonhos destes, erigidos com o cimento da humildade, tendem a ser enaltecidos, não só pela qualidade do que são feitos, mas principalmente pela qualidade de quem os faz!

Não se banhe nas águas da soberba: a verdadeira limpeza do corpo é feita com as águas da humildade!

Dez erros que não devem ser cometidos nos empreendimentos para construção de sonhos

1) Fazer uso de mistificações ou inverdades para convencer pessoas a intercederem por você.
2) Fazer-se amigo para ser ajudado; fingir-se desconhecido para não ajudar...
3) Chantagear emocionalmente pessoas para sensibilizá-las a fim de obter favores ou vantagens.
4) Ser parceiro inseparável de alguém quando precisa dele, e virar as costas, afastando-se quando ele precisa de você.
5) Estar sempre disposto e radiante para divertir-se, e cansado e indolente para trabalhar...
6) Para dar destaque às suas, desmerecer as realizações alheias.
7) Empanar a capacidade dos outros. Atenção: há pérolas que não brilham por não estarem polidas!
8) Afirmar e depois negar, dever e não pagar, tomar emprestado e não devolver, prometer e não cumprir.
9) Na realização de uma obra, atribuir-se o mérito se estiver bem-feita e culpar os outros se estiver defeituosa.
10) Para vangloriar-se, afirmar ter ido onde não foi, saber o que não sabe, ter o que não tem, ser quem não é...

Uma vida pródiga de paz e realizações

- Como sonhar com o sossego quem condescende com a violência? Para se ter paz por dentro, antes há que se conquistá-la por fora!
- Poucos se deleitam numa mesa farta, alguns têm um prato simples e tantos outros sonham com uma mesa e um prato... Alimentar-se é uma dura batalha, e quem não luta pelo pão não vence a fome!
- Nenhum sonho tem valor quando em seu contexto não se contempla a felicidade!
- Se você sonha com sua "alma gêmea", não precisa procurá-la alucinadamente, pois no amor são as almas que procuram por nós...
- Tenha, na vida, bons pensamentos, palavras e ações. Você pode até não construir seus sonhos agora, mas deixará o terreno plano para construí-los brevemente!
- O melhor lugar para sonhar é repousando no leito da inspiração!

Oito passos rumo ao desejado sonho

1) Se for algo material, defina o formato, custo, onde e como obtê-lo.
2) Estude minuciosamente a viabilidade, o grau de dificuldade, o tempo a ser gasto e o quanto vai empenhar de si.
3) Implemente meios de chegar até ele: poupança financeira, desprendimento físico, ajuda de terceiros etc.
4) Estabeleça etapas ao longo do tempo e vá, criteriosamente, cumprindo uma a uma.
5) Com o objetivo focado, evite focar outro diferente, em paralelo, pois isso poderá inviabilizar ambos.
6) Não se desmotive ao surgirem as primeiras dificuldades. Encare-as e persevere dentro do cronograma planejado.
7) Não disperse a atenção, nem desperdice tempo e recursos em coisas às quais não vão colaborar com a realização do projeto principal.
8) Finalmente, ao colocar as mãos na tão sonhada conquista, deleite-se, tenha prazer com ela e já comece a planejar seu próximo sonho.

53

O que você fez pelos seus sonhos ultimamente?

Quanto você poupou do seu salário para realizar aquele sonho espetacular que prometeu a si mesmo?

Quanto esforço você envidou para ao menos estocar o "material da obra" do seu sonho?

Quanto tempo, de tanto tempo que dispõe, reservou para dedicar-se a construí-lo?

Se as suas respostas forem mudas e os pensamentos vazios, você é um candidato prestes a descumprir o que se autoprometeu. Reflita, retome os planos, ânimo, força e luta. Prometer-se e não cumprir é enganar a si próprio!

Então, comece do começo: poupando. Quem junta centavos, acumula um tesouro. Não esbanje, não desperdice. Lembre-se, o salário é limitado e seus sonhos têm prioridade.

Em seguida, paralelamente, comece estruturando quando, como e onde será erigido o sonho. Vá estocando o material necessário, seja algo tangível ou sentimental... Há coisas que se estocam em terrenos, há coisas que se estocam no coração...

Por último, não desperdice tempo com coisas vãs, que não têm valor e nem edificam nada concreto para o seu futuro. Sua mira é o sonho prometido. Seu tempo destinado a ele deve ser o necessário para que o faça acontecer. E, se possível, brevemente.

Quando, enfim, realizar o sonho, você descobrirá o quão é capaz e o quanto é fácil ser feliz!

Um sonho vencido com esforço próprio é igual vencer uma batalha usando as mãos como arma!

54

Não brinque com os sonhos!

Leve a sério o que você tem em mente, objetivos que escolheu para si como plataforma de uma vida melhor. Um sonho, no qual há a definição de um longo e belo trajeto, onde a estação e o bem-viver são, na verdade, um pedaço da nossa alma.

Não brinque, não faça pouco caso, não menospreze. Creia na sua cria. Seu sonho é qual um filho amado e merece de você empenho, zelo e dedicação.

É razoável, após esforços fracassados, bater a sensação de incapacidade e de desestímulo por algo difícil e aparentemente inalcançável. Há certos sonhos assim. Alguns até com qualidade incontestável. Foge-nos a crença de que um dia o construiremos e aí o abandonaremos nos porões do cérebro. E assim, imperceptivelmente, deixamos em segundo plano o esteio do nosso futuro.

Não arrefeça numa situação assim. Mantenha o estímulo. Reestruture-se e persista. Evite pensamentos obtusos e não veja seu sonho como inalcançável ou uma mera fantasia da sua cabeça. Todo projeto é importante para quem o projeta. Portanto, trabalhe firme e forte para construí-lo, como se tivesse duas mãos direitas.

Seu sonho de vida, valorize-o e batalhe por ele. Não o jogue para escanteio e sim, com seriedade, o considere mais importante do que um gol no minuto final da copa do mundo!

Brincar ou ter seriedade com os sonhos pode representar o fiasco ou o triunfo!

55

Sonho bom, você já pôs algum em prática?

Todos nós temos um sonho e o desejo de realizá-lo. É inerente à constituição humana. De múltiplas espécies, modos, formatos... Alguns de natureza efêmera, outros eternos, modestos, interplanetários... Todavia, há um tipo especial que se aloca em nossa cabeça e transforma nosso olhar minúsculo em uma visão maiúscula: o sonho bom.

Sonho bom é um projeto singular; tecido com os fios da providência, que recebemos das forças do universo como um justo prêmio pelas nossas ações!

Quando temos um sonho bom, daqueles que mexem com os nossos brios, que nos reavivam os ânimos e mudam a trajetória da nossa vida, somos tirados do lodo das dificuldades e melhoramos nosso padrão socioeconômico. Esse sonho bom é porque, sem dúvidas, fomos agraciados com o galardão do merecimento. Sonho bom é um privilégio daqueles que têm uma missão especial a cumprir, ordenada pelos deuses dos sonhos.

Sonho bom é aquele que nos leva degraus acima no patamar da felicidade; que nos proporciona realização pessoal e substantiva melhora de vida; que, junto à nossa família, transforma-nos de ilustres desconhecidos a expoentes da sociedade.

Portanto, ninguém deve desperdiçar um sonho assim. Deve pôr em prática e aproveitar gota a gota, como água no deserto.

Um sonho ruim, quando vier, deve ser logo apagado, mas um sonho bom só outro bom sonho pode apagar!

Perder um sonho bom no presente é perder no futuro boa chance de uma vida melhor!

56

Sonhando com aquilo que as mãos podem alcançar

Se você entende que construir o sonho da sua vida será difícil, divida-o em várias frações, definidas e delineadas, e ponha-as em disposição tal que forme um círculo perfeito. Estabeleça um plano de ação, numere-as por ordem de factibilidade e dê-se um prazo para realizar cada fração. Terminada uma, comece outra. E assim sucessivamente. Não há como não ter seu sonho prontinho ao cabo de um tempo. Só irá depender de você, da sua persistência e do seu esforço. Quanto tempo? A que custo? Irá depender, também, da grandiosidade ou da pequenez do sonho...

Se você sonhar a poucos metros de distância, algo que caiba no espaço do seu bolso e cuja execução seja breve logo estará pronto e tinindo. Mas se sonhar além das fronteiras das posses e transcendendo a distância de Marte, por certo será um sonho dentro do seu sonho...

Reflita que alguns querem somente a posse da riqueza espiritual e têm pela matéria o interesse único pela sobrevivência; outros acham frugal a espiritualidade e querem a posse de bens e dinheiro. E você, como está nesse contexto?

De todas as formas, seu sonho está lá, dentro da sua consciência e sendo gerenciado pelas emoções do coração.

Ao resolver tirá-lo da prancheta para a linha de produção, lembre-se do exemplo das frações. Seja perspicaz e não lance ao vento um balão de ensaio que pode levar seu sonho a perder-se em lugar nenhum...

Sonhe, seja um bem material ou intangível, mas sonhe aquilo que lhe trará felicidade!

57

Um bom sonho na cabeça, vontade e ação: ei-lo pronto diante dos seus olhos

Não se preocupe com o tamanho do seu sonho, preocupe-se com o tamanho da sua vontade – vontade em ação, sonho em construção.

Para projetos faraônicos e grandes lucros há de se ter vontade titânica, ousadia e acreditar no inacreditável; para o trivial e pequenos lucros, basta apenas meia vontade e meia preguiça, e acreditar que "enriquecer é pecado..."

O mundo é imenso e há uma imensidão de coisas e pessoas: uma parte das pessoas as procura, outra parte as produz. Cada qual, usando sua batuta e regendo a orquestra a seu estilo, põe um mundo no seu sonho do tamanho desejado. Alguns têm o que cabe nas mãos, outros, o que não cabe no olhar.

Todos sonham e ninguém tem o direito autoral dos seus sonhos. Pode até existir algum parecido, mas não igual. O objetivo de quem eventualmente copia é diferente do objetivo do autor. É como a impressão digital, cada qual tem a sua.

A vontade é a engenheira dos sonhos. Se ela não se manifestasse nos músculos dos gênios, como as grandes ideias seriam invenções? A vontade é o trator que aplana os sonhos que gotejam dos cérebros humanos.

Se você não tem vontade de construir, não sonhe; se sonhar, não deixe essa maravilha na cabeça, fixa como uma paisagem emoldurada.

Bata no peito, esmurre a mesa e dê um passo à frente. Pegue o sonho, ponha-o na betoneira da vontade e concretize-o, exatamente como você quer!

Se a vontade das pessoas fosse o combustível de um reator atômico, juntas elas gerariam luz para todo o universo!

58

Fale dos seus sonhos no ritmo em que os constrói

Viver falando que vai construir seus sonhos são apenas palavras ao vento. Sair do falar para o fazer é começar a cavar os primeiros alicerces.

Nenhuma obra sai da cabeça humana e toma forma real por força própria. A mente é capaz de criar asas, subir ao céu e colher uma estrela, descer à terra e colher uma flor. O imaginário humano, prodigioso, é um celeiro de sonhos, um construtor virtual eficaz.

No entanto, toda obra para tomar forma física requer que haja mãos operosas trabalhando, da ideia à argamassa. Imagine um palácio erguido pelo pensamento, sem quem haja o toque das mãos sobre a alvenaria...

Falar da arquitetura de um sonho magistral é hábito dos falazes inveterados. Quem não fala do que gostaria de *ser* e *ter*? Porém, construtores verdadeiros fazem acontecer, tiram os projetos da gaveta e os fazem erguer-se do chão. São engenheiros de si próprios, empreendedores, obreiros de suas crenças.

Quem muito fala, pouco age. Guarde as palavras, não as exteriorize se for para enganar a si mesmo. Todavia, fale à vontade do seu sonho se ao embalo da sua voz já estiver assentando os primeiros tijolos!

Não economize palavras se, enquanto fala do seu sonho, está construindo-o!

59

Sonho impossível: aquele que não se luta por ele!

Quantas vezes você embarcou na nave dos sonhos e fez sua mente flanar, viajando em direção às realizações, ao ápice, ao sucesso? E quantas vezes você se pegou com a boca a balbuciar dando entrevistas e, cercado por fãs, com caneta em mãos distribuindo autógrafos? Você, e todos nós, com semblantes felizes, já fizemos essa viagem nas asas coloridas do imaginário e sentimos nossos pés "acima do chão..."

No entanto, cabe uma questão: Esse sonho é impossível? Ter grandes objetivos em mente é apenas sonhar com o etéreo, com o intangível?

Em verdade, sonhar projetos que cabem em nossas mãos, em nossos orçamentos e que tenham a dimensão da nossa capacidade é, sim, factível. Se, por um lado, querer é poder, por outro, trabalhar é conquistar. Nossos jardins e castelos não serão erguidos do solo se não nos dispusermos à ação e não batalharmos para construí-los com esforço e garra.

Portanto, trace seus objetivos, sonhar não é negado ou proibido. Monte suas estratégias para realizá-los e comece já. Lembre-se que grandes vitórias são resultado de grandes batalhas. O impossível? É apenas mais um desafio que o impulsionará a ultrapassá-lo e levá-lo aos degraus do pódio. Pense nisso!

Impossível é o sonho que não lutamos ou desistimos de realizar!

60

Sonho megalômano: por que perder tempo com ele?

Você já somou quantas horas perdeu sonhando em ser o mais rico do mundo, o mais forte, belo, famoso...?

Para pisar na calçada do sucesso o caminho é um só: reto e sem esquinas. Abrir atalhos podem ser alternativas, mas devem ser bem-estudadas, pois, assim como podem levá-lo ao eldorado, podem também levá-lo ao insucesso.

Dependendo do formato do sonho, você desenvolverá fórmulas para construí-lo. Evite aquele que as mãos e os olhos não alcançam; passe uma borracha se for megalômano, irreal, infactível. Sonhe, tenha a cabeça viajando nas estrelas, mas os pés firmes no chão. Sonho que transcende a capacidade humana é pura ficção. Não vale a pena perder tempo e energia elaborando planos que logo se desmancharão feitos cera ao sol. "Perca tempo" com o útil. Desenhe com cores sólidas e pinceladas firmes a obra-prima que orbita a sua mente e a de qualquer mortal.

Lembre-se que todos têm sonhos possíveis e grande parte os realiza. Isso é um incentivo para repousarmos a cabeça no travesseiro das possibilidades, olharmos para o futuro e continuarmos sonhando.

É melhor a realidade de um sonho factível, do que a ilusão de mil sonhos mirabolantes!

POLINDO O OUTRO DOS SONHOS...

• Ao orarmos, falamos aos ouvidos de Deus; ao silenciarmos, Deus fala ao nosso coração!

• Pessoas pequenas, com belos sonhos, são capazes de obras gigantes!

• O sonho de um mundo melhor será impossível enquanto o interesse financeiro sobrepor-se à ideologia.

• Nosso sonho ganha mais realismo quando temos o apoio das pessoas amadas!

• Vamos, hoje, corrigir nossos erros e vícios para que, a cada novo amanhã que sair do arquivo do tempo, velhos estigmas não sejam revividos.

• Se você tem um sonho, e não sabe como construí-lo, erga o olhar e peça ajuda ao engenheiro-mestre, Deus!

• O verdadeiro valor de alguém não é provar que: a todos pode vencer, e, sim, provar que ninguém pode derrotá-lo!

61

Quando Deus está conosco temos o leme do mundo nas mãos!

Esteja em conexão com Deus. Direta, constante, numa só onda sensorial. Deus é fonte inesgotável de onde provém água cristalina que sacia a sede dos homens – paz, amor, alegria.

Quando estamos na sua exultante companhia, nossos planos, mesmo que nos pareçam inócuos e inatingíveis, começam a tomar forma e essência, ficam próximos, ao alcance dos olhos e ao toque das mãos. Bons fluidos jorram e inundam nosso corpo, embevecem nosso espírito e levam-nos a decisões sábias.

Aproxime-se de Deus. Agora!

Não se julgue autossuficiente, que tudo sabe, tudo pode e tudo tem. Somos uma máquina imperfeita, suscetível às oscilações emotivas, internas e externas. Por isso, é mister ter Deus como timoneiro para guiar o barco do nosso destino.

Quando estamos sob o leme do Criador, nosso anjo da guarda rejubila-se, interage conosco e nos ilumina com o candeeiro da sua proteção. Nosso equilíbrio entra em prumo e os pensamentos dão som e cores aos nossos sonhos.

Incline-se para Deus!

Venha beber dessa água límpida e abundante e nunca mais o seu corpo terá sede. Seus anseios terão fim, suas perguntas terão respostas e você, feliz, verá, um a um, realizar os sonhos que sempre sonhou!

Antes de pedir a Deus para ficar rico, avalie o quanto está disposto para o esforço, sofrimento e trabalho.

62

Sonhemos em não deixar faltar o alimento nosso de cada dia

Como avaliar quem, sob as agruras da fome, pensa, não com o cérebro, mas com o estômago, e sonha com uma lauta refeição tendo entre as mãos um velho naco de pão? Qualquer prejulgamento pode estar restrito a não sentir na pele o problema, mas, sim, pensar como seria senti-lo.

Ter assegurado a mesa farta de cada dia, para si e para seus familiares, é um sonho que permeia a cabeça de todos nós. Podemos abdicar de muitas conquistas, jamais a dignidade de bem alimentar-nos.

A luta mais desigual que podemos enfrentar é contra um inimigo que vive em nós mesmos, que mina nossas forças e nos rouba a fé e a esperança. Quando a fome nos desafia, é como lutar contra um ser portentoso num campo de batalha invisível. Quem já guerreou com ela sabe de cátedra o que é ser derrotado numa luta sem armas.

Razões são muitas para juntar as ferramentas e sair a campo enfrentando a dura jornada do trabalho. Porém, uma dessas razões deve ser uma bandeira a ser hasteada por todos nós: o sonho de um farto e abençoado pão de cada dia!

Saciar a fome física é o primeiro item para saciarmos a fome de sucesso!

63

Colheita de prosperidade

Se você puder escolher o que semear, escolha sempre o melhor. Lance mão do que poderá multiplicar sua alegria, sua razão de ser e viver. Porém, caso não consiga o melhor, não deixe passar o inverno da existência sem lançar ao solo mesmo a mais rústica semente. Observe que, às vezes, a mais bonita flor emerge em um lodaçal, pois, ironicamente, a vida surge do ventre de uma semente apodrecida.

Seja como o lavrador no campo: operoso, diligente, que enfrenta as intempéries e as vence com o seu trabalho!

Dê movimento aos seus músculos, instigue seus objetivos, prepare seu celeiro de abastanças. Promova uma nova fase em sua vida, a colheita da prosperidade. Não se deixe embalar na rede da indolência. O tempo passa, a chuva da bonança recolhe suas águas e o plantio é perdido. Pense que a colheita do amanhã é resultado do que se semeia hoje. Quem nada semeia, nada há de colher. O importante é ser sempre um semeador e estar constantemente cuidando e multiplicando seu pomar.

Transformar planos e metas em realizações é um trabalho diuturno e árduo, mas que devemos realizar, seja em chão fértil ou árido, afinal não se colhe frutos onde não se põe sementes!

A prosperidade é como uma árvore que plantamos hoje, para amanhã colhermos os frutos.

64

Um grande amor: do sonho à realidade

Quantos de nós, corações adormecidos no leito dos sonhos, não se deixou levar pela brisa tênue do amor? O amor é uma força sublime que nos arrebata e nos toma para si de tal forma que passamos a não ser donos de nós mesmos...

Ter alguém especial para fazer dueto com o nosso "eu" é um desejo que faz parte da vida, pois nos alimenta com a paixão; néctar tão necessário para manter a nossa harmonia, tanto quanto é necessária a harmonia dos astros no universo.

Pode o mar viver sem a chuva? Podem as plantas viver sem a fotossíntese? Pode o homem viver sem o amor?

Toda a existência sobre a terra é orquestrada por uma Ordem Superior, numa cadeia lógica e harmônica. O homem vive uma existência vazia sem o gênesis do amor, pois a completude humana é uma corrente, onde os elos não se entrelaçam na solidão. O amor está de tal forma unido ao corpo e à alma que separá-los é como tentar separar do cosmo o sol e a lua.

Então sonhemos, afinal sonhar é livre e gratuito. E mesmo que seja apenas um sonho fugaz, concentremos nosso querer para que ele se materialize num amor verdadeiro, intenso e longevo quanto o tamanho da própria eternidade.

Não se erguem castelos de felicidade sem alicerces de amor!

65

Família: união e força para impulsioná-lo ao sucesso!

Entre você e o seu mais deslumbrante sonho existe, sem dúvidas, um trampolim firme que o impulsiona rumo às conquistas: sua família.

Ter uma família unida e bem estruturada é ter um exército a seu favor. Suas dificuldades serão minimizadas e você alcançará o alvo dos seus sonhos numa impulsão certeira, equilibrada e segura. Sua família, sempre disposta a ajudá-lo, desdobrar-se-á pelo seu sucesso, pois o seu desejo é o desejo dela também.

Como artérias espalhadas pelo corpo, que se interligam e irrigam o sangue ao mesmo destino, o coração, seus familiares assim o fazem, trabalhando em conjunto, ordenadamente, por e para você.

A família unida é o "marco zero" de onde nascem as avaliações e as decisões para que os seus enfrentamentos sejam vitoriosos. Ou nesse mundo alguém pode vencer sozinho?

Família que está com você, e você com ela, sem que perceba, trabalha nos bastidores para que você possa desempenhar seu papel e lograr êxito. E você deve ser amável, afetivo e cuidadoso, sempre, porque, ao cuidar bem dela, por ela será sempre bem-cuidado.

Tenha sua família qual imagem num altar, afinal ela é fonte de união e amor e a inquestionável impulsionadora dos seus sonhos!

O sonho mais nobre de um homem é construir uma família feliz!

66

Pai e mãe: balaústres para ajudar-nos a transpor obstáculos e alcançar sonhos inalcançáveis!

Se você planeja ter posses, ser independente, e tem seus pais que o apoiam e comungam com você o mesmo plano, suas dificuldades estão reduzidas pela metade. Quando contamos com o braço forte dos nossos pais para nos ajudar, diminuímos o tempo gasto e aumentamos a chance de êxito. Cada trecho do nosso sonho toma forma em vívidas cores e vai, pouco a pouco, materializando-se em nossas mãos qual um toque de magia.

A presença paterna na vida de todos nós é um economizador de tempo e energia. É uma força adicional que se agrega em nós e nos prepara para desatar os nós do cotidiano.

Entenda que, para ser feliz, não precisamos ter coisas, e sim ter pessoas. E ter nossos pais, solícitos, vigilantes, é atravessar ondas turbulentas e atracar em terra firme. Eles são nosso radar, que detectam as procelas da vida e nos conduzem por mares tranquilos. Construir um sonho às vezes é uma questão de detalhe, e o primordial desse detalhe é trabalhar e apoiar-se firmemente nos conselhos e ajuda dos pais.

Se você tem a onipresença paterna, faça dela um pedestal para erguer a sua bandeira da independência. Lembre-se, se lá no céu temos Deus nos olhando, aqui na terra temos nossos pais nos guiando!

Um sorriso de um filho feliz compensa mil lágrimas de sacrifício dos pais!

67

Filho: um sonho venerável!

Ter um filho, experiência inenarrável. É como voar entre estrelas e aterrissar no paraíso. É uma sensação indescritível de poder e posse, é ter metade do coração em outro corpo. E a felicidade? Pode ser expressa em forma de riso, lágrimas, música, silêncio...

Não tema, você, tornar-se pai ou mãe. Filho é o enredo maravilhoso de um sonho lindo, não de um pesadelo terrível. Porém, não o faça a esmo, irresponsavelmente. Faça com o feitio de amor e Deus o abençoará e guiará, você e ele, pelas longas estradas da existência.

Se você ainda não realizou esse sonho, mas o tem no seu crânio, quando o fizer, ao seu devido tempo, sentirá a doce emoção de nascer duas vezes. E, por certo, sua vida ascenderá a uma dimensão superior.

Filho é a continuidade de nós mesmos, a imortalidade do clã. Ele vem para somar alegrias, duplicar o amor e unir o casal. Vem para ajudá-lo a construir o mundo que você tem em mente, ser seu parceiro leal e o amigo mais espetacular que você terá.

Se o seu sonho já projeta as primeiras e emocionantes imagens paternas, então, desde já, estruture-se e prepare-se com carinho para a chegada do seu futuro herdeiro!

O maior orgulho de um pai é ter um filho que se orgulha dele!

Persista nos projetos que você acredita!

- O sucesso, na luta da vida, não se obtém exatamente por aplicar bons golpes, mas, sim, por lutar até o fim e não sofrer nocaute!
- Quando você pensa em fracasso e derrotismo transfere força do pensamento para essas coisas. Por isso é importante, sempre, pensar em sucesso e vitórias!
- Fazer tudo com amor abre a porta da casa dos sonhos para a entrada de uma vida melhor!
- Mesmo sem esperança, insista no sonho, afinal, demora, mas um dia a chuva abençoa o deserto!
- Pedir a Deus carros e mansões, e não mover um músculo para ser digno, é viver em sonho eterno, afinal como fazer colheita sem ter plantado a semente?

68

Violência? Nem pensar. Ela é destruidora de sonhos!

Os atos das nossas mãos, o que verbaliza nossa boca, e até o que engendra nossos pensamentos, não devem ser expressos com as lanças letais da violência. Ao usá-las como arma, em vez de resolvermos um problema, nós o agravamos e erguemos um muro de discórdias entre nós e os nossos oponentes.

Quando pairam desconfianças, incompreensões ou desacertos em nossas relações, as arestas devem ser aparadas com o diálogo cordato, nervos desarmados e espírito *light*. Não há divergência que não se resolva com um diálogo pacífico. É certo que muito pode se construir com o entendimento, e muito pode se destruir com a violência.

Violentar, constranger e oprimir são exemplos de intimidação física ou moral contra alguém. Não principie atos desse naipe afaste-se e fuja se estiver dentro deles.

Mensageiros da violência devem ser excluídos da nossa convivência – e nós nos policiarmos para evitá-la. Lugares onde pessoas praticam a violência ficam com o chão inóspito, o desamor campeia, não se erguem os alicerces da paz e não se edifica a morada dos sonhos!

Se violência resolvesse problemas, há séculos judeus e árabes viveriam de mãos dadas.

69

Mágoa? Rancor? Esqueça, não fazem parte dos sonhos dos bem-aventurados!

O convívio com as pessoas que fazem parte da nossa vida deve ser feito de atitudes sãs. Devemos esquecer arranhaduras que os outros impingem à nossa suscetibilidade para que também esqueçam as que lhes impingimos.

Às vezes, ficamos magoados e rancorosos com erros e falhas que cometem conosco. E quando erramos e falhamos com os outros? Ninguém é infalível. Não há quem não erre nunca e quem acerte sempre. Erros acontecem, até inconscientemente. Seremos a todo o momento, "bombardeados" por nossos adversários – e até aliados. Mas temos de ter o espírito da compaixão, esquecer e relevar embates, e seguirmos em frente.

Não devemos reter o que não é bom e remoer anseios que destilam fel!

Mágoa, desgosto, rancor, animosidade, nada disso agrega esperança e felicidade aos sonhos de alguém.

Quem tem sonhos de viver em comunidade, em boas graças, dando e recebendo benquerer, deve repelir esses sentimentos.

Nossas relações devem ser para estender pontes, não para erguer muralhas. Nesta vida, muitos dos nossos sonhos unem-se harmoniosamente aos sonhos de outros. E, bem-aventurados, se fundem em um só!

Muitos sonhos coletivos são conjunções de sonhos individuais. É como o esplendor de uma roseira: várias rosas em hastes de um mesmo caule!

70

Nervosismo? Cuidado, sonhos em perigo...

Como ter o sonho de controlar o mundo quem não consegue controlar os próprios nervos?

Como resolver um assunto difícil quem, irascível, transforma-o em impossível?

Uma pessoa nervosa desequilibra seu tônus orgânico e suas reações podem ser abruptas e deselegantes. Quem, em bom juízo, arrisca-se a associar-se a quem tem os nervos à flor da pele? Ou alguém quer coadjuvar atos reprováveis?

Pessoas de "pavio curto", que colocam a emoção à frente da razão, descontrolam-se facilmente e acabam guerreando contra a própria sombra. Intranquilas, deixam aflorar as veias da perturbação e, quando em tratativas de assuntos importantes, são excluídas da lista dos notáveis.

E quanto a você? Consegue controlar seus nervos ou são seus nervos que o controlam?

Cuidado com o nervosismo, mormente em situações melindrosas. A tranquilidade, para o corpo humano, é como a fotossíntese para as plantas: vital para o equilíbrio e a existência saudável.

Manter-se calmo, sem se deixar levar pela pressão ou insegurança, é um trunfo, uma força interna que o diferencia e o faz obter resultados expressivos. Todos têm simpatia aos seus projetos e sua chance de colocá-los em prática e serem coroados de sucesso aumenta substancialmente. Por isso, esteja sempre centrado, calmo, no eixo de si mesmo. Administre seus nervos e não ponha seus sonhos em perigo!

O melhor projeto de alguém é a calma, a serenidade. Ninguém se associa àquele que se enerva, perde a razão e põe tudo a perder.

71

Planeje, como filosofia de vida, não ter nenhum inimigo!

Quão bom será quando, um a um, você erradicar os inimigos da sua agenda – e não colecionar mais nenhum. Então comece já!

Para essa tarefa faça uma lista daqueles que você considera inimigos, e também daqueles por quem é considerado. Dedique-se retomando o diálogo com eles, resolver as querelas e reatar a amizade. Difícil? Você já tentou? De repente, quem sabe, eles também estão querendo esse diálogo?

Não ter inimigos, e não ser inimigo de ninguém, o coloca num patamar de paz e tranquilidade. Quanto menos pessoas se contrapõem a você, mais você tem liberdade de ação e seus riscos de insucesso tendem a zero. Ter um cinturão de amigos à nossa volta é qual uma muralha de segurança a rechaçar intrusos, o perigo e o mal.

Aquele que, não tem inimigos, está a poucos degraus do céu e a muitos longe do purgatório!

Não ter inimigos, além de tudo, aumenta a proximidade com Deus. Sua única preocupação é consigo próprio, com os seus, planejar e concretizar uma vida longa e com a certeza de ótimos sonhos e realizações.

Cada inimigo convertido em amigo é uma estrela a mais iluminando o céu da nossa vida!

72

Amigos leais: pontes seguras para cruzar, dos sonhos às realizações!

Amizade leal é uma sinergia, uma troca fluídica, onde o espírito solidário está acima de qualquer disputa mesquinha: a ajuda que damos hoje a quem necessita, amanhã receberemos ao necessitarmos.

Construir sólida corrente de amizades é fundamental para bem nos relacionar, mantermos bom trânsito e o bem viver. Nessa corrente, moldada com o aço do respeito e do benquerer, cada elo será constituído por amigos dignos, leais, que comungam os mesmos pensamentos, ideais e almejam uma união firme e duradoura. Escolher, pois, esses amigos é condição primordial para, todos juntos, seguirem o caminho da boa ventura.

Conviver cercado por uma hoste de amigos "do bem", daqueles que se desdobram para nos ajudar, é um passaporte seguro para o *ir* e *vir* diário. Para nós, para eles. Quem, afinal, nesse *tsunami* de disputas consegue realizar e transformar sonhos em conquistas velejando solitariamente? E a que preço?

Estender a mão para ajudar e ter as mãos estendidas para a ajuda, no relógio do tempo é ter a chance de abreviar horas difíceis e receber uma força adicional nas nossas tarefas, poupando recursos, energia e dando passos longos para a concretização dos nossos sonhos.

As amizades movem o mundo; mas, para tanto, devem ser puras e vividas na sua plenitude!

73

Erradicar a pobreza: ajude a construir esse sonho!

Você, vivendo em um mundo fraterno, onde a caridade seja uma moeda de circulação geral, pode não ser um sonho retratado somente nas poesias. Ele pode sair do papel e do coração dos homens, e ser implantado, não por leis impositivas, mas naturalmente pelo senso de compaixão e amor ao próximo.

Imagine viver numa sociedade igual, povo irmão, onde a pobreza seja erradicada, a fome extinta, e os mais necessitados possam viver com dignidade.

De que adianta você, abastado e feliz, e ao seu redor pessoas carentes e infelizes?

Pobreza não é doença. Ela tem cura. E o remédio é a ação solidária de almas virtuosas e desprendidas do materialismo.

A vida não deve ser um paradoxo entre ter e não ter. Um meio-termo é, sim, plausível, carreado do povo para o povo, num movimento equitativo. Imagine, então, as suas mãos, junto a outras milhões de mãos, prestes a erguer essa obra esplêndida e magnânima!

Muitas realidades são sonhos materializados. E quando muitas cabeças sonham o mesmo sonho, e interagem entre si para fazê-lo real, o resultado é, inequivocamente, pessoas felizes, vida mais digna e um mundo melhor.

Lamentavelmente, a pobreza no mundo moderno é a forma mais perversa de escravidão.

74

Paz: um sonho, um direito, uma necessidade

O homem que vive em guerras tem latente no seu coração o mais nobre dos sonhos da humanidade: a paz. Quem vive em guerras, dentro ou fora de si, desconhece o valor do mais nobre dos objetivos da humanidade.

Desde que o mundo é mundo, e o homem se espalhou em sociedade, a paz vem sendo perseguida e, lamentavelmente, muitas vezes derrotada pelos canhões do ódio e das incompreensões.

Alvorece, o sol esparge seus raios de ouro, o dia segue seu curso e, por fim, encobre a luz o manto negro da noite... No transcurso dessas vinte e quatro horas a *guerra pela paz* eclode mundo afora, de norte a sul.

Nações onde tremula a bandeira da paz, a prosperidade é um sonho pátrio compartilhado e vivido pelos cidadãos. Sem ela não há ordem, respeito às pessoas e coisas, e a própria existência humana entra em colapso.

Quando a paz reina por completo, o sonho, ilusão transfigurada em realidade, materializa-se na vida do sonhador.

Ter materializado a grande conquista do mais primitivo direito do homem é contemplar a reconstrução de uma nova era, de um novo ciclo de vida. E assim, ao olhar em volta e ver um paraíso florescer, aquele homem, cantando e sorrindo, é como se houvesse nascido outra vez!

Paz e liberdade são filhas do mesmo ventre!

75

Mundo perfeito: um sonho, um ideal

Você sonha com um mundo melhor? Um mundo de compreensão, tolerância, amor ao próximo? Um mundo amigo, onde você possa viver sem medo, respirar o ar puro da liberdade, da paz e da tranquilidade? Ora, você não é um sonhador solitário. Milhões de pessoas, em todas as nações do mundo, sonham o mesmo sonho. Utopia? Quem sabe se, cada um de nós colocar um tijolinho nesse grande projeto, em breve não teremos construído a mais monumental obra da humanidade contemporânea: um mundo perfeito.

Todos têm, entre seus ideais, o projeto de uma "planta mundi", onde haja o tremular de uma mesma bandeira, o cântico de um mesmo hino e nações sem divisas nem fronteiras.

Todos, sem exceção, sonham com uma pátria universal, onde o mandatário seja do povo, para o povo. Onde, ainda, os direitos dos cidadãos sejam respeitados e não meras palavras na carta magna, onde a justiça não seja injusta, e onde o ir e vir seja livre como o voo dos pássaros.

Esse mundo, enquanto todos os habitantes dormem, existe de certa forma... Mas, sonhar e tentar (re)construí-lo pode ser uma tarefa impossível para uma pessoa, mas possível quando todos juntos sonharem o mesmo sonho!

As pessoas que, unidas, sonham com o bem comum e ajudam o semelhante, mais que um ato de civismo, estão assentando tijolos para construir um mundo melhor!

Arquitetando e viabilizando os sonhos

- Se os seus sonhos se realizaram, cuidado com a vaidade excessiva. Quando o sucesso sobe à cabeça, os pés perdem o contato com o chão...
- Se você quer o brilho da inteligência, os livros são uma lâmpada acesa. Leia! Quanto mais se aumenta a luz do saber, mais se diminuem as trevas da ignorância!
- Às vezes, vale mais um sonho realizado do que alguns cifrões perdidos...
- Ninguém deve abdicar de uma conquista aparentemente impossível. Sonhar e lutar é preciso. Quando os sonhos do homem findarem, certamente ele terá chegado ao fim.
- Não há sonho irrealizável quando na mente objetiva-se uma boa causa, nas mãos tem-se a força do trabalho, e no coração está presente o louvor a Deus!
- Construir alguns bons sonhos, eis a grande valorização da vida. E ao conquistar o verdadeiro amor você já construiu o mais valoroso deles!

76

Fama: um projeto real ou uma grande ilusão?

É mais fácil conquistar um tesouro, que é algo tangível e os olhos podem mensurar, do que conquistar a fama, algo etéreo, de mensuração inquantificável.

Quanto vale a fama? Muito? Pouco? Tem etiqueta de garantia, prazo de validade?

Buscar algo que pode se gastar o tempo de uma vida é como procurar diamantes num rio, entre os cascalhos: uma busca insólita, um sonho que pode consumir tempo e forças e resumir-se ao nada, ou então brotar repentinamente na bateia...

Fama de quê? Quantos famosos não têm noção se são ou não, apenas fazem seus trabalhos naturalmente, com exímia, e a coisa surge por si, sem anúncio prévio, como o nascer da semente após a chuva.

Buscar o ilusório é sair às cegas, sem norte e direção. É abrir a porta e deixar entrar o desconhecido, que poderá trazer alegrias ou aborrecimentos.

Não há que se buscar a fama de maneira obcecada, pensando em um baú que lhe reserva títulos nobres e farta riqueza. Fama é consequência de uma longa viagem, não uma estação preexistente, com plateia à espera para aplausos e ovações.

Fama é resultado da persistência num trabalho. Por isso, desistir, ante uma derrota, é jamais ver brilhar o ouro da vitória!

77

Loteria: é preciso um grande-prêmio para autorrealizar-se?

Ser um sortudo da loteria, acertar sozinho as dezenas da megassena e ganhar milhões pode ser uma dádiva; pode ser, em contraponto, um infortúnio. Quando as rodas da fortuna vêm em nossa direção e não sabemos manejá-las, podemos ser atropelados por elas. E quantas vezes esse fato se repete!

Amealhar uma fortuna, enriquecer do dia para a noite, e não ser um bom piloto das finanças, pode fazer-nos entrar na contramão da alegria e o sonho virar pesadelo.

Em verdade, muito dinheiro nem sempre é sinônimo de felicidade, mormente o "dinheiro fácil". Não raras vezes uma grande riqueza destrói nossos sonhos e nos leva à infelicidade.

Verdadeiramente, muitas vezes encontramos nosso Éden com o parco dinheiro que ganhamos, fruto do exaustivo trabalho. Este, suor escorrido e transformado em cédulas, bem cuidado multiplica-se, pois é abençoado pelos céus.

Não há que se buscar freneticamente a realização de um grande sonho num bilhete de loteria. Todo o sonho glamoroso que ali procuramos, de repente, podemos encontrar dentro de um humilde holerite.

Você quer realizar o sonho de riqueza, fama e poder?
Mãos à obra no trabalho!

Desafios, enfrentamentos, êxito!

• Se você tem uma meta na vida, transforme-a num desafio e vá à luta para realizá-lo. E não faça corpo mole. Lute, pois nada é pior do que ser derrotado por si mesmo!

• Quem está acima de você, enalteça e felicite, para que não suceda quem está abaixo ofendê-lo e infelicitá-lo...

• O sonho de uma boa profissão tem sua base nas salas de aula. Mas, lembre-se, sucesso escolar não garante sucesso profissional se você não realizar na prática, o que aprendeu na teoria.

• Nossos sonhos vão se modificando dia a dia, tomando novas formas e novo sentido. Assim é a vida, um renovar constante, dando-nos nova injeção de ânimo e aguçando a vontade de viver!

• Enquanto você sonha, simultaneamente trabalhe para construir. E num determinado momento da vida, não distante, irá, merecidamente, gozar a benemerência do sonho construído.

Sonhos erguidos com a solidez dos bons ideais. Cinco perspectivas

1) Construções sólidas não se erguem em chão arenoso. Sonhos erguidos sobre ideais sólidos – amor, honestidade, respeito –, são belos e inabaláveis!

2) Para acender a luz dos seus sonhos, aplique energia nas ações e batalhe, ou a lâmpada das realizações permanecerá apagada indefinidamente!

3) Alegria, prazer, prosperidade... Essa é a função do dinheiro. Atenha-se a isso. De que vale trabalhar o tempo todo, ao final da vida ter milhões, mas não realizar sonho algum?

4) Se a dúvida de um sonho levá-lo a uma encruzilhada, pare e converse com os seus "botões". É preferível um monólogo para lubrificar a mente e decidir com acerto, do que a mudez e optar pelo atalho errado.

5) A conquista da fortuna pode mover menos o homem do que o sonho para conquistá-la!

78

Você é um sonhador? Seja bem-vindo, somos bilhões!

Você é um sonhador? Tem ambiciosos projetos em mente e vive repetindo para si mesmo "um dia eu vou realizar", ou, então, "se Deus quiser, eu realizo", saiba, então, que você não está sozinho. Há outros bilhões de sonhadores mundo afora com o *trailer* de um belo sonho na cabeça se repetindo infinitamente...

O sonho é um energético emocional, um revolucionário de destinos, é um fazedor de obras, construtor universal.

Quando o sonho nasce, já no prelúdio, você começa a concatenar ideias e a vislumbrar vitórias. Dia a dia vai costurando a roupagem do projeto, aplicando novos adornos, dando-lhe face e estrutura. Ao cabo de um tempo o sonho está bordado, definido e pronto para a execução.

Todo sonho pronto não deve, indefinidamente, ficar pendurado no cabide dos projetos, à espera de um dia que nunca vem. Todo sonhador deve ser também executor. Se quiser sair bem na foto da prosperidade, tem de pegar o sonho e vestir-se do ideal "eu vou fazer hoje!"

Sonhe, mas tire o sonho da caixa craniana e construa-o, pois de sonho em sonho o planeta gira, progride e faz os séculos. E assim caminha a humanidade...

Aquele que viver a vida em grandes sonhos, e não tiver disposição para realizá-los, será um ótimo sonhador e um péssimo realizador...

79

Recomeçar: palavra-chave para abrir os portais das novas realizações

Se ao colocar em prática o seu melhor sonho, aquele que você mais acreditava, as coisas saírem fora de controle e tudo der errado, não se desespere nem esmurre sua inteligência. Fracassos só existem para quem arrisca. Muitos abnegados como você, que hoje vivem o *glamour* do sucesso, um dia arriscaram e fracassaram também. Eles, porém, emergiram do fracasso. Recomeçaram e, corrigindo os pontos falhos, prosseguiram e ergueram o pedestal do sucesso.

Assim é a nossa existência. Depois de um ciclo – meses, semanas, dias, horas – tudo recomeça harmoniosamente. Vivemos uma mutação constante, ininterrupta. O tempo, qual aliado fiel, está sempre recomeçando e nos permitindo novas e preciosas chances.

Um sonho fracassado não deve, portanto, ser razão de desestímulo e impotência, para acharmos que tudo está perdido. Recomeçar é a senha para abrir os portais de novos desafios, afinal, derrotado mesmo só aquele que desiste de lutar. Porquanto, perder um *round* não significa perder a luta.

Pés fixos no chão, olhar arguto e o desejo de recomeçar e vencer; desejo que começa agora e vai, vida afora, até a conquista final.

Após uma noite de tormenta, um novo dia ensolarado renasce e tudo recomeça. Acredite, renove seus sonhos e recomece também!

80

No divã das meditações: inspiração, sonho, futuro...

Não é necessariamente o primeiro sonho que nos assoma que nos dá a independência e a autossuficiência desejada. Nossos sonhos se reciclam, como ondas contínuas. Alguns são opacos e vazios, outros têm conteúdo e trazem a espuma alva das boas-novas. Há, portanto, o sonho certo no momento certo. Assim é a mente humana. Um sonho valioso pode até, de repente, ser substituído por um sonho genial.

Então evolua, renove-se, rejuvenesça, pois tudo à sua volta também evolui, renova-se e rejuvenesce. Inspire-se. Permita-se um *insight*. Transforme o sonho antigo em moderno, e o que era rascunho em definitivo – e queira o de menor dispêndio e de maior rendimento.

Por outro lado, evite ser definitiva a construção de um sonho se você está evoluindo e buscando o alvorecer de novos tempos. Olhe em vários ângulos, porque a mesmice lhe dá horizontes menores do que verdadeiramente pode conquistar. Desperte o pensamento, sonhe grande e alargue os pontos cardeais da sua vida.

Deite-se, olhos no futuro, no divã das reflexões e dê asas à inspiração: de repente, a porta do sonho se abre para um sol brilhante e você está com a mente escura e fechada...

Faça da inspiração um arco e lance seus sonhos no centro do seu universo!

81

Sonho: uma droga de efeito miraculoso...

Tenha ao menos um grande objetivo para alcançar na vida e persiga-o. É salutar ter algo em mente e viver os dias moldando-o e dando-lhe formas; viver e sonhar são indivisíveis como corpo e alma.

Sonhar nos motiva, acende os ânimos, empurra para a construção de coisas espetaculares. A mente sem sonhos é escura e vazia e os passos do corpo sem rumo e guarida.

Então, não cerceie nem obste seu sonho, deixe-o fluir. Ele é uma droga aprazível que nos provoca alucinações longas e fascinantes. É lícita, de composição divinal, produzida mundialmente nos laboratórios da mente, cujos efeitos são benéficos e saudáveis.

Sua dosagem depende da intensidade do prazer que cada um quer se proporcionar. Para cada tamanho e viabilidade de sonho, a mente vai trabalhar e, com mil imagens, abduzir o corpo e levá-lo a viagens imemoráveis...

Todos nós, sem exceção, vivemos dopados ao longo da existência. A cada sonho construído novo sonho sobrepõe-se, qual vício recorrente...

Mas, cuidado! Como toda droga, tem um ponto vulnerável. Há, pois, que controlar a dosagem para obter os efeitos desejados.

A busca desarrazoada de um objetivo pode causar, após expectativas fracassadas, sensação de baixa autoestima e impotência, devendo-se fugir urgentemente da overdose – a obsessão...

Realizar nossos sonhos é, aos nossos olhos, realizar o maior espetáculo da Terra!

82

Acaso você já não tem mais nenhum sonho?

Se os seus dias são um vazio de metas, as ideias não brotam, os sonhos minguaram e sente um desestímulo para traçar novos planos, está na hora de enchê-los de novas esperanças.

Desperte o velho interesse, vislumbre novas cenas, inicie um novo sonho e veja à frente, não reles pedras de vidro, mas preciosos diamantes. Você vive o que sonha, e ninguém vive grande sonhando pequeno.

Sonhar, para o homem, é como a chuva para a natureza: vital para o remoçar da vida e perpetuar a juventude!

Por muito tempo você ficou admirando a chegada ao ápice dos outros e retraiu-se, achando que "seu tempo havia passado..." Mas, o tempo está aí, fomos nós que passamos. Ele segue em paralelo conosco, é só pegar carona. Então aproveite e reescreva sua história, vire a página do ontem e inspire-se no hoje com os olhos no amanhã.

Abra a mente, suavemente. Inspire e relaxe. Permita o sonho entrar dentro de você, e você dentro do sonho. E que seja belo, profícuo, repleto de cintilantes franjas douradas e ao centro um sol no seu esplendor.

E então, vai negar a si mesmo algo tão espetacular?

Um sonho pode ser uma miragem, mas também pode ser o panteão de uma nova era!

83

Todo sonho torna-se ainda mais grandioso quando tem o simbolismo da alegria

Quem vive alegre, simplesmente pelo fato de estar vivo, já realiza o maior prêmio dos sonhos, que é a vida em si. Sonhos outros que advirem já serão lucro. A alegria é o farol do corpo iluminando nossos passos e clareando nossas decisões. E qual uma lâmpada interior, está sempre acesa para a alma, dotando-nos de uma aura dourada, um magnetismo pessoal que inebria nossos oponentes.

Irritação, sisudez, tristeza e aborrecimento são doses de um mal que, erradamente, insistimos aplicar em nós mesmos. O homem triste é um vivente sem norte, conflitando com o próprio "eu". Quando temos um sonho delineado e o buscamos alegremente, a bússola do sucesso nos mostra um caminho plural.

De que vale possuir uma mansão, um belo carro, dinheiro, conforto e sentir o fel da baixa autoestima, da incompletude?

Pare e avalie: a quantos anda sua alegria? Procure calibrar o tom e deixar seu verniz sempre reluzente. Rosto contente, palavras alvissareiras, ações positivas e sentimento alto astral são insígnias que distinguem quem fez consigo o pacto da alegria, da boa sorte.

Troque outros sonhos por este. Vale a pena! A alegria nos acrescenta um bom pedaço de vida e, afinal, que sonho melhor para construir do que mais vida para ser vivida?

Uma centelha de alegria produz mais luz do que uma labareda de tristeza!

Reflexões oportunas

- Do ringue dos sonhos ninguém deve fugir. É preferível sentir a derrota lutando, a sentir-se um derrotado sem lutar!
- O sonho da felicidade é um filme que passa na cabeça de todo vivente. Ele é o ator, diretor e *cameraman*. Quando a história é de doação, suor e superação, o filme é um sucesso monumental!
- Você vai competir pelos seus sonhos? Não desacredite do seu potencial. Aquele que acredita em si mesmo é um eterno vencedor!
- Quando sonhamos avidamente, e na mina dos nossos sonhos tem o minério do desejo, eles se transformam e se materializam em realidade!

OBRAS DE

Leonardo Boff

- A Águia e a Galinha
- A Ave Maria – O feminino e o Espírito Santo
- O caminhar da Igreja com os oprimidos
- Depois de 500 anos que Brasil queremos?
- O Despertar da Águia
- O destino do homem e do mundo
- Ética e Moral – A busca dos fundamentos
- São Francisco de Assis: ternura e vigor
- Graça e experiência humana
- Jesus Cristo Libertador
- Natal: a humanidade e a jovialidade de nosso Deus
- A nossa ressurreição na morte
- O Pai-Nosso: oração da libertação integral
- Paixão de Cristo – Paixão do mundo
- Princípio de compaixão e cuidado
- O rosto materno de Deus
- Saber cuidar
- Os sacramentos da vida e a vida dos sacramentos
- A Santíssima Trindade é a melhor comunidade
- A Trindade e a sociedade
- Vida para além da morte
- Virtudes para um outro mundo possível – Vol. I
- Virtudes para um outro mundo possível – Vol. II
- Virtudes para um outro mundo possível – Vol. III
- A oração de São Francisco
- O Senhor é meu Pastor
- Francisco de Assis. Homem do paraíso
- Como fazer Teologia da Libertação?
- Espirito na saúde
- Os terapeutas do deserto
- Fundamentalismo, terrorismo, religião e paz
- Meditação da luz
- Mística e espiritualidade
- Tempo de transcendência